XINNENGYUAN QICHE QUDONG DIANJI JI
KONGZHI XITONG

新能源汽车驱动电机及控制系统

主　编　黄德发　柳贞洪

副主编　吴林娟　陈　波　舒其雄

参　编　李　宋　贺　军　黄雪松　陈雪梅　王代闽
　　　　冯德鸿　贺　伟　肖文灿　李　琳　杨小龙

重庆大学出版社

图书在版编目(CIP)数据

新能源汽车驱动电机及控制系统/黄德发,柳贞洪主编. --重庆:重庆大学出版社,2023.11(2025.1重印)
ISBN 978-7-5689-4060-3

Ⅰ.①新… Ⅱ.①黄… ②柳… Ⅲ.①新能源—汽车—驱动机构—控制系统—中等专业学校—教材 Ⅳ.①U469.720.3

中国国家版本馆 CIP 数据核字(2023)第 210904 号

职业教育汽车类专业新形态教材

新能源汽车驱动电机及控制系统

主 编 黄德发 柳贞洪
副主编 吴林娟 陈 波 舒其雄
策划编辑:章 可

责任编辑:姜 凤 版式设计:章 可
责任校对:王 倩 责任印制:赵 晟

*

重庆大学出版社出版发行
出版人:陈晓阳
社址:重庆市沙坪坝区大学城西路21号
邮编:401331
电话:(023)88617190 88617185(中小学)
传真:(023)88617186 88617166
网址:http://www.cqup.com.cn
邮箱:fxk@cqup.com.cn(营销中心)
全国新华书店经销
重庆正文印务有限公司印刷

*

开本:787mm×1092mm 1/16 印张:10.75 字数:237 千
2023 年 11 月第 1 版 2025 年 1 月第 2 次印刷
ISBN 978-7-5689-4060-3 定价:35.00 元

本书如有印刷、装订等质量问题,本社负责调换
版权所有,请勿擅自翻印和用本书
制作各类出版物及配套用书,违者必究

PREFACE 前 言

随着消费者对汽车的使用要求日益提高及人们对低碳意识的逐渐增强，汽车厂商都在加快新能源汽车的研发和推广，并在近两年新能源汽车技术有着飞速的发展，且汽车销量也急剧增加，因此，新能源汽车维修、售后服务等汽车后市场的需求也将逐步增加。

本书从新能源角度出发，以我国国产北汽 EV160 汽车为教学研究背景，针对新能源汽车"大三电"中驱动电机部分的内容进行编写，在理论知识的推导上尽量弱化，加强实践教学内容，使读者具备新能源汽车驱动电机的拆装、检查、调配能力。

本书分为 5 个项目，每个项目下设有不同的教学任务，主要学习内容包括项目一高压安全防护、项目二驱动电机、项目三驱动电机控制系统、项目四驱动电机及电机控制器冷却系统、项目五驱动电机与控制器的检修，每个任务有相应的学习目标，增强学习的目的性与针对性，在学习任务后进行任务评价，及时反馈学习情况。本书可作为中职学校汽车类相关专业的课程教材。

本书由黄德发、柳贞洪担任主编，吴林娟、陈波、舒其雄担任副主编，参与编写的有李宋、贺军、黄雪松、陈雪梅、王代闽、冯德鸿、贺伟、肖文灿、李琳、杨小龙。

在编写过程中引用了原厂维修手册及文献资料，在此表示衷心的感谢！

由于本书涉及领域较新且编者水平有限，书中难免有疏漏和不足之处，恳请相关专家和广大读者批评指正。

编　者

2023 年 7 月

CONTENTS 目 录

项目一 | 高压安全防护

【项目导入】

　　"电"是人们生活中不可缺少的能源,随着科技的不断发展,这种能源也逐渐取代了燃油作为汽车动力的来源,我们通常称这种车为"新能源纯电动汽车"。在本项目中,主要对新能源纯电动汽车维修中的高压安全防护知识进行学习。

【学习目标】

知识目标:

- 能阐述电对人体的伤害;
- 能阐述基本电气伤害的救助方法;
- 能阐述高压电的概念;
- 能阐述高压线束的颜色。

能力目标:

- 能正确识别高压线束及高压警示标志;
- 能正确检查和佩戴安全防护用具;
- 能正确检查高压作业场地安全;
- 能正确检查和使用绝缘工具;
- 能正确使用高压检测用具。

素质目标:

- 遵守工作场所相关规定,具有较高的安全意识;
- 在需要时,协助他人并提供帮助。

【思维导图】

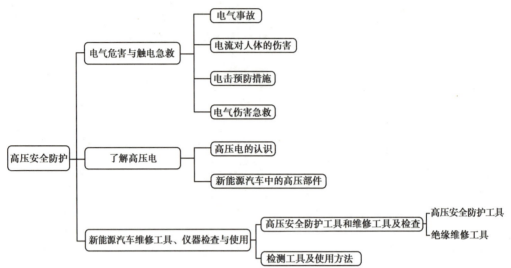

任务一　电气危害与触电急救

【任务描述】

电能作为现在不可缺少的能源之一,在照明、交通、通信、娱乐、医疗等领域发挥着重要作用。电能在保障生活的同时,也会给人体带来一定的伤害。学生通过本任务的学习,可以认识到电气的危害。

【任务实施】

一、电气事故

电气作业不当,会造成多种事故。一是对人体的伤害,包括电流伤害、电弧伤害、静电伤害、电磁伤害以及电气设备故障造成的伤害等;二是对物体的损害,主要是设备、线路损坏,电气装置失灵等,严重时可引起电气火灾爆炸事故;三是对环境的干扰和污染,主要是指电磁污染等;四是引起二次事故,指由电气事故造成的其他破坏事故,如发生爆炸、起火等。发生人身事故和设备事故,大多数是由违反安全操作规程或安全技术规程的操作造成的。

二、电流对人体的伤害

人碰到带电的导线,电流通过人体叫触电。触电后,会对人体及人体内部组织造成不同程度的损伤。触电时,使人体受伤的是电流。电流对人体的伤害有电击、电伤和电磁场伤害 3 种。

电击是指电流通过人体时,破坏人的心脏、神经系统、肺部等的正常功能而造成的伤害。它可以使肌肉抽搐、内部组织损伤,造成发热发麻、神经麻痹等,甚至引起昏迷、窒息、心脏停止跳动而死亡。触电死亡事故大部分是由电击造成的。人体触及带电的导线、漏电设备的外壳或其他带电体,以及由雷击或电容放电都有可能导致电击。

电伤是指电流的热效应、化学效应、机械效应对人体造成的局部伤害,它可以由电流通过人体直接引起也可以由电弧或电火花引起。电伤包括电弧烧伤、烫伤、电烙印、皮肤金属化、电气机械性伤害、电光眼等不同形式的伤害,其临床表现为头晕、心跳加剧、出冷汗或恶心、呕吐,此外,皮肤烧伤处有疼痛感。

电磁场伤害是指在高频磁场的作用下,人会出现头晕、乏力、记忆力减退、失眠和多梦等神经系统症状。

电流是造成电伤害的主要因素,人体对电流的承受能力与以下因素有关。

1. 电流流过人体的大小及危害

脱毛衣时产生的火花电压达几万伏,但没有形成持续电流,所以不会电死人。触电时,让人体受伤的是电流而不是电压。根据身体的反映情况,可以将流过人体的电流分为以下几种类型。

(1)感知电流:引起人的感觉的最小电流。人接触这种电流会有轻微的麻痹感。实验表明,成年男性平均感知电流有效值为 1.1 mA,成年女性约为 0.7 mA。感知电流一般不会对人造成伤害,如果接触时间长,表皮被电解而电流增大时,感觉增强,反应较大,可能造成各种间接事故。

(2)摆脱电流:电流超过感知电流并不断增大时,触电者会因肌肉收缩发生痉挛而紧握带电体,不能自行摆脱电源。人触电后能自主摆脱电源的最大电流称为摆脱电流。一般成年男性平均摆脱电流为 16 mA,成年女性约为 10.5 mA,儿童较成年人小。摆脱电流是人体可以忍受但一般不会造成危险的电流。若通过人体的电流超过摆脱电流且时间过长,会造成昏迷、窒息,甚至死亡。因此,人摆脱电源的能力随着触电时间的延长而降低。

(3)室颤电流:是通过人体引起心室发生纤维性颤动的最小电流。人的室颤电流约为 50 mA。在心室颤动状态,心脏颤动 $800 \sim 1\,000$ 次/min,但幅值很小,而且没有规则,实际上中止了血液循环,一旦发生心室颤动,数分钟内即可导致死亡。

2. 通电的时间

电流对人体的伤害程度与通电时间长短的关系:通电时间越长,引起心室颤动的危险也越大。这是因为通电时间越长,人体电阻因出汗等原因而降低,导致通过人体的电流增加,触电的危险性也随之增加。此外,心脏每搏动一次,中间有 $0.1 \sim 0.2$ s 的时间对电流最为敏感。通电时间越长,与心脏最敏感瞬间重合的可能性也就越大,危险性也越高。

3. 电压的高低

交流电压 1 000 V 以上为高压电,直流电压 1 500 V 以上为高压电;交流电压 1 000 V 以下为低压电。人体中含有大量的溶解有其他物质的水溶液,可等效成一个电阻,常用安全电压是 36 V 以下的电压。

4. 人体的电阻

人体的电阻不是一个固定的数值。干燥的皮肤在低电压下具有相当高的电阻,约 10 万 Ω。当电压在 $500 \sim 1\,000$ V 时,人体电阻便下降为 10 000 Ω。人体表皮具有这样高的电阻是因为它没有毛细血管。手指某部位的皮肤还有角质层,角质层的电阻值更高,而不经常摩擦部位的皮肤的电阻值是最小的。皮肤电阻还同人体与带电体的接触面积及压力有关。当表皮受损暴露出真皮时,人体内因布满了输送盐溶液的血管而具有很低的电阻。

人体电阻的大小是影响触电后人体受到伤害程度的重要物理因素。人体电阻由体内电阻和皮肤电阻组成。接触电压为 220 V 时,人体电阻的平均值为 19 000 Ω;接触电压为 380 V 时,人体电阻降为 1 200 Ω。经过对大量实验数据的分析研究确定,人体电阻的平均值一般为 2 000 Ω,而在计算和分析时,通常取下限值 1 700 Ω。

三、电击预防措施

绝缘是一种常见的电击预防措施,用绝缘物或材料把带电体包住并封闭起来,保证人体不致因触及带电体而发生触电事故。

电气设备的绝缘应符合其相应的电压等级、环境条件和使用条件。在电气产品设计、制造、试验规程中,为保证达到可靠的绝缘,还规定了绝缘部件,必须在相应的工作条件下,能经受可能会产生的电气、机械、化学和发热等影响。应注意很多绝缘材料受潮后会丧失绝缘性能,或在强电场作用下会遭到破坏,丧失绝缘性能。除此之外,电气设备的绝缘表面不得有粉尘、纤维或其他污物,不得有裂纹或放电痕迹,表面光泽不得减退,不得有脆裂、破损,弹性不得消失,运行时不得有异味。

绝缘的电气指标主要是指绝缘电阻,绝缘电阻用兆欧表测量。任何情况下,绝缘电阻不得低于每伏工作电压 1 000 Ω,并应符合专业标准的规定。除了绝缘,屏护、间距以及安装漏电保护器也是较为常见的安全措施。

四、电气伤害急救

1. 救助措施

(1)切勿直接触碰触电的人员。

(2)如果可能的话,立即切断电气设备的电源(在高电压车辆上关闭点火开关或者立即拔出维修开关)。

(3)使用不导电的工具(木板、扫帚柄等)将伤者或者电流导体与电源分开。

2. 如果伤者可以对话时

(1)在可能的情况下,冷却灼伤伤口,并使用消过毒的、不掉毛的毛巾覆盖。

(2)即使其本人拒绝,伤者也必须交由医生救治(避免迟发性后遗症)。

3. 如果伤者无法对话时

(1)确认伤者的生命机能,如脉搏和呼吸。可以在伤者的口和鼻部确认其呼吸情况,最好在颈部动脉处确认其脉搏,如图 1-1 所示。

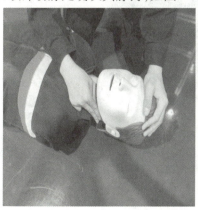

图 1-1 确认脉搏和呼吸

（2）立即呼叫或者让人联系急救医生。

（3）在医生到来前进行胸外心脏按压和人工呼吸。

①保持呼吸顺畅。

②胸外心脏按压法的正确按压位置如下：

a. 右手食指和中指沿触电者的右侧肋弓下缘向上，找到肋骨和胸骨接合处的中点。

b. 两手指并齐，中指放在切迹中点（剑突底部），食指平放在胸骨下部。另一只手的掌根紧挨食指上缘，置于胸骨上，即为正确按压位置以 100 次/min 的频率按压胸骨下部 30 次，按压部位如图 1-2 所示。

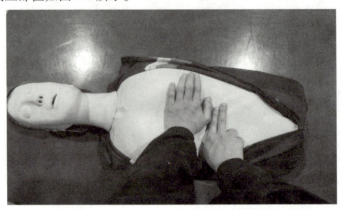

图 1-2　按压位置

施救姿势，如图 1-3 所示。

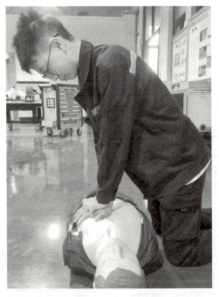

图 1-3　施救姿势

③伸展伤者头部，进行两次人工呼吸。

（4）实施上述急救措施至少坚持 30 min。

心脏通过心肺复苏法［两次人工呼吸（图 1-4）和 30 次胸外按压］可维持氧气供应，直到急救人员到达。恢复心脏的正常功能包括使用电能（除颤）和急救医生的抢救。自动体外除颤器（Automated External Defibrillator, AED）是一种便捷式、易于操作、稍加培训即能熟练使用、专为现场急救设计的急救设备，可独立提供伤者的心电图，并在适当的情况下进行除颤。越早使用 AED，人的生存机会就越大。

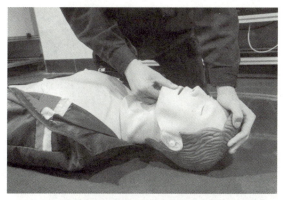

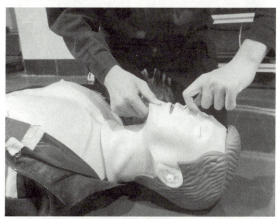

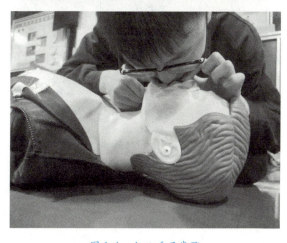

图 1-4 人工呼吸步骤

【拓展阅读】

早在2 500多年前,古希腊哲学家泰勒斯就知道琥珀的摩擦会吸引绒毛或木屑,这种现象称为静电。公元1600年,英国医生吉尔伯特做了多年的实验,发现了电力、电吸引等许多现象,并最先使用了电力、电吸引等专用术语,因此许多人称他是电学研究之父。

【任务评价】

序号	考核项目	考核内容	赋分/分	评分标准	得分/分
1	电气事故	电气事故的危害	10	能正确阐述电气事故产生的危害	
2	电击预防措施	对人体的影响因素	50	能正确阐述电流流过人体的大小及危害	
				能正确阐述通电的时间对人体的影响	
				能正确阐述电压的高低对人体的影响	
				能正确阐述人体电阻大小的影响	
				能用自己的语言阐述电机控制系统的作用	
3	电气伤害急救	急救的操作步骤	40	能正确阐述救助措施	
				能正确阐述伤者可以对话时的急救措施	
				能正确阐述伤者无法对话时的急救措施	
				能正确阐述最少急救时间	

任务二　了解高压电

【任务描述】

新能源汽车为环境减轻了负担,但维修工在维修作业时需要正确认识高低压线束,以免造成严重的影响。通过本任务的学习,可以了解新能源汽车上高低压的区分,认识到高低压线束和警示标志以及高压电对人体的伤害。

【任务实施】

一、高压电的认识

根据不同电压等级对人体产生的伤害和危险程度也不同,在新能源汽车中,一般把电压按类型和数值分为两个类型,见表1-1。

表1-1　电压类型

电压级别	工作电压/V	
	DC(直流)	AC(交流)
A	$0<U\leq60$	$0<U\leq30$
B	$60<U\leq1\ 500$	$230<U\leq1\ 000$

考虑到空气的湿度和人体在不同工作环境下的电阻,基于安全考虑将车辆电压分为以下安全级别:

①A级:较为安全的电压等级。直流电压≤60 V;交流电压≤30 V。在此电压范围内的维护人员不需要采取特殊的放电保护。

②B级:对人体会产生伤害,被认为是高压。在该电压下必须采取必要的防护设备对维护人员进行保护。

在电动汽车中,高低压的定义与常规的定义有所不同,低压通常指的是12 V电源系统的电气线路的电压,而高压主要指的是动力电池及相关线路的电压。电动汽车的高压具有以下特点:

高压系统的电压一般都设计在200 V以上。例如,大多数的电动汽车或混合动力汽车的动力电池电压都在280 V左右。

高压存在的形式既有直流,也有交流。这包括动力电池供电的直流电,也有充电时220 V电网的交流电,以及电机工作时的三相交流电。

高压系统对绝缘的要求更高,大多数传统汽车上设计的绝缘材料,当电压超过200 V时可能就变成了导体,因此在电动汽车上的绝缘材料需要具有更高的绝缘性能。

高压系统对正负极距离有要求。在12 V电压情况下,正负极之间的距离很近时才会有击穿空气的可能性,但是当电压高达200 V时,正负极之间有很大的距离时也会发生击穿空气而导电,即我们常说的电弧。

二、新能源汽车中的高压部件

1.电动汽车中的高压标识

为防止意外触及高压电,电动汽车对高压部件均采用特殊的标识或颜色,对维修人员或车主给予警示。电动汽车通常采用两种形式进行高压标识,包括高压警示标识和高压警示颜色。

1)高压警示标识

每辆电动汽车的高压组件壳体上都带有一个标识,售后服务人员或车主均可通过标识直观地看出高压电可能带来的危险,所用警示牌基于国际标准危险电压警告标识。高压警示标识采用黄色底色,或红色底色,图形上布置有高压触电国家标准符号,如图1-5所示。

图1-5 高压警示标识

2)高压警示颜色

由于高压导线可能有几米长,因此在一处或两处通过警示牌标识意义不大。售后服务人员可能会忽视这些标牌,用橙色警示颜色标出所有高压导线,高压导线的某些插接器和维修开关也采用橙色设计,如图1-6所示。

3)纯电动汽车高压部件位置

纯电动汽车与混合动力汽车都设计有高压电部分。纯电动汽车高压部件主要分布在车辆底部和前舱,高压部件主要包括电机控制器、高压配电箱、车载充电机、高压导线、充电插头、动力电池、驱动电机、充电插座、电动压缩机和 PTC 加热器等。

图 1-6　高压警示颜色

高压配电系统是将动力电池的高压电分配给电机控制器、驱动电机、电动压缩机、PTC 加热器、DC/DC 变换器等高压用电设备。同时将交流或直流充电口导入的高压充电电流分配给动力电池,以便为动力电池充电。动力电池管理系统(Battery Management System,BMS)也称为动力电池控制器,是动力电池管理和保护的核心部件,其作用是保证动力电池使用安全可靠,控制动力电池组的充放电,并向整车控制单元(Vehicle Control Unit,VCU)上报动力电池系统的基本参数及故障信息。

电机控制器是控制动力电池和驱动电机之间能量传输的装置,其主要功能包括车辆的怠速控制、车辆前进(控制电机正转)、车辆倒车(控制电机反转)、DC/AC 变换等。

4)混合动力汽车的高压部件

混合动力汽车的高压部件包括动力电池、电动空调压缩机、高压导线、驱动电机、车载充电机(插电式)、动力控制单元和 DC/DC 变换器等,主要分布在汽车的前舱和底盘。

2.高压部件安全操作

电动车包含一组密闭的高电压锂离子动力电池。如果动力电池不适当地暴露在外,会存在剧烈燃烧和触电的危险,可能导致严重的人身伤害及环境污染。

任何情况下,禁止任何人员在车辆未完全断电的情况下对车辆进行维修,并禁止裸手触碰高压部件。

严禁私自拆卸车内高压电气部件,私自拔下、断开车上高压接插件和线缆,否则会造成严重的电击伤害和车辆损坏。

检修高压系统时,断开启动开关电源和维修开关。

检修高压导线时,对拆下的任何裸露出的高压部位,应立即用绝缘胶带包扎绝缘。

安装高压导线时,必须按照车身固定孔位要求将线束固定好。

不能用手指触摸高压线束插接器中的带电部位,以免触电。另外,应防止有细小的金属工具或铁条等接触到插接器中的带电部位。

不要拉扯或缠绕充电线束,避免充电线束受到挤压及充电插头遭受碰撞。

【拓展阅读】

我国在 1952 年自主建设了 110 kV 输电线路,逐渐形成京津唐 110 kV 输电网。1954 年,建成丰满—李石寨 220 kV 输电线,逐渐形成东北 220 kV 骨干电网。1972 年,建成 330 kV 刘家峡—关中输电线路,全长 534 km,逐渐形成西北电网 330 kV 骨干网架。1981 年,建成 500 kV 姚孟—武昌输电线路,全长 595 km,逐渐形成华中 500 kV 骨干电网。1989 年,建成 ±500 kV 葛洲坝—上海高压直流输电线,实现了华中—华东两大区的直流联网。2005 年,在西北电网建成了第一条 750 kV 输电线路。

【任务评价】

序号	考核项目	考核内容	赋分/分	评分标准	得分/分
1	高压电的认识	高压电的含义	15	能用自己的语言说明电机控制系统的含义	
2	电机控制系统的位置关系	电机控制系统的实际布置位置	10	根据实车能正确指出电机控制系统的所在位置	
3	电机控制系统的功用	电机控制系统的三大作用	15	能用自己的语言阐述电机控制系统的作用	
4	电机控制系统的主要结构	电机控制系统的六大主要部件	12	能正确认识电机控制系统六大主要部件的外形	
			12	能厘清电机控制系统六大主要部件的位置关系	
			12	能正确阐述电机控制系统六大主要部件的连接逻辑	
			14	能用自己的语言阐述电机控制系统六大主要部件的基本作用	
5	电机控制系统的发展特点	行业内对电机控制系统的研究方向	10	能正确认识到电机控制系统的特点并提出自己的见解	

任务三 新能源汽车维修工具、仪器检查与使用

【任务描述】

新能源汽车的维修工具除了传统汽车用的维修工具,还会用到高压防护工具、绝缘工具和检测工具。

【任务实施】

一、高压安全防护工具和维修工具及检查

1.高压安全防护工具

1)绝缘垫

绝缘垫是具有较大的电阻率和耐电击穿的胶垫,主要在电动汽车维护时铺在地面上起绝缘作用,在雨季湿度大或地面潮湿时,绝缘垫就更加重要了。

2)绝缘手套

绝缘手套由天然橡胶制成(图1-7),具有防水、防电、防油、耐酸碱等功能。绝缘手套是操作高压电气设备时重要的绝缘防护装备,使用6个月必须进行预防性试验,绝缘手套的检查有外观检查,如图1-8所示;检查绝缘手套是否漏气,如图1-9所示。

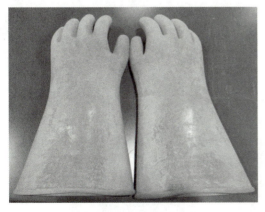

图1-7 绝缘手套

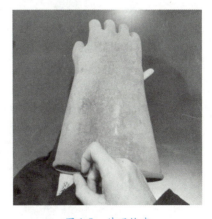

图1-8 外观检查

当绝缘手套变脏时,需要用肥皂和温度不超过65 ℃的清水冲洗,然后彻底干燥并涂上滑石粉。清洗后,如果发现仍然黏附有像焦油或油漆之类的混合物,应立即用清洁剂清洗此部位(但清洁剂不宜过多),随后立即冲洗。绝缘手套应存放在干燥、阴

凉、通风的地方,并倒置在指形支架或存放在专用的储存柜内,绝缘手套上不得堆压任何物品。

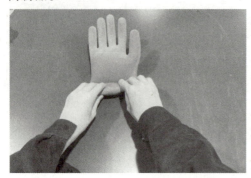

图1-9　检查是否漏气

3)绝缘头盔

绝缘头盔如图1-10所示。当电动汽车处于举升状态进行维护时应使用绝缘头盔。使用前,应检查绝缘头盔有无开裂或损伤,有无明显变形,下颌带是否完好、牢固。佩戴时,适当调整并系好下颌带。

图1-10　绝缘头盔

4)护目镜

护目镜如图1-11所示,当检查和维护电动汽车时需要佩戴护目镜。护目镜主要防止电弧伤眼。使用前,检查护目镜是否有裂痕、损坏。

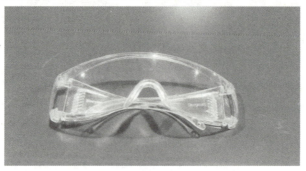

图1-11　护目镜

5）绝缘鞋

绝缘鞋如图 1-12 所示，是在高压操作时使人与大地绝缘的防护工具，一般在较为潮湿的场地使用。穿绝缘鞋前，检查鞋面是否有磨损，鞋面是否干燥，鞋底是否断裂。绝缘鞋应放在干燥通风的地方，不能随意摆放，避免接触高温、尖锐物品和酸、碱、油类物品。

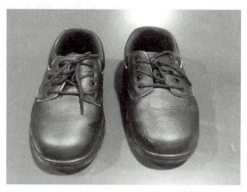

图 1-12　绝缘鞋

6）绝缘服

绝缘服如图 1-13 所示，其主要作用是高压操作时对维修人员的身体进行保护。绝缘服应保管在通风、透气、清洁、干燥的库房内，相对湿度不大于 80% 的绝缘服不宜接触明火和有锐角的坚硬物体。绝缘服清洗后必须晾干，折叠整齐后放入袋内保存。绝缘服存放期间不宜与酸、碱、油及腐蚀性物质接触。

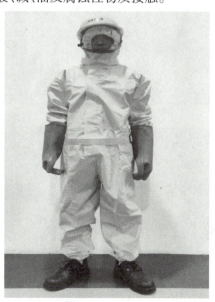

图 1-13　绝缘服

2. 绝缘维修工具

绝缘维修工具（图 1-14）与传统维修工具相比，两者用法相同，但多加了抗高压的绝缘层，要求绝缘柄耐电压 1 000 V 以上，从而保证维修人员的人身安全。

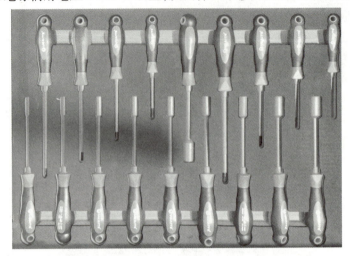

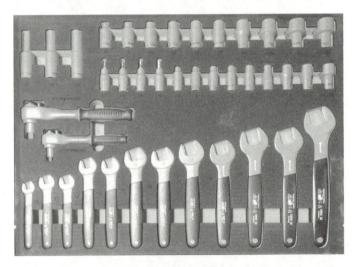

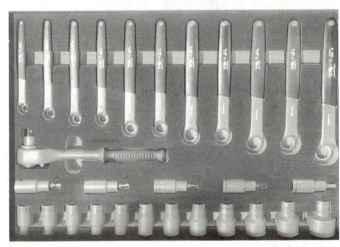

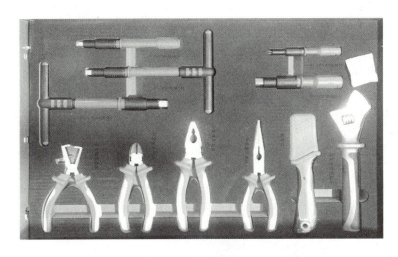

图 1-14　绝缘维修工具

绝缘维修工具包括绝缘扳手、绝缘开口扳手、绝缘螺丝刀、验电笔、绝缘套筒扳手等。绝缘维修工具在使用前都要检查有无破损、金属刺穿等情况，若有，则不能用于高压维修作业；还需检查有无潮湿、沾水以及脏污，若有，则需清理待恢复性能才能再次使用。绝缘维修工具使用完要放在阴凉、干燥的地方，定期用绝缘测试仪检查绝缘维修工具最薄弱处的绝缘电阻值，若小于 1 MΩ 则禁止使用。

二、检测工具及使用方法

1. 数字万用表

数字万用表（图 1-15）是一种多功能、多量程的仪表，用于测量（直流/交流）电流、（直流/交流）电压、电阻等。数字万用表显示清晰，准确度高，分辨力强，测试范围宽，测试功能齐全，抗干扰能力强。

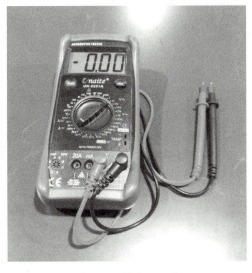

图 1-15　数字万用表

使用数字万用表时,应注意:

①不要接到高于1 000 V直流或700 V交流的电压上。

②旋动功能/量程开关之前,注意拔出表笔,以免损坏机械保护机构。

③在仪表后盖完全盖好前切勿使用。

④更换电池须在拔出表笔及关闭电源开关后进行。旋出电池盖螺钉,后推电池盖,即可将电池盖取下,按规格要求更换电池。

2. 电流钳

电流钳(图1-16)可以在不断电的情况下测量电气线路的电流,用于专门检测交流大电流,因为工作部分呈钳状,所以又称为钳形电流表。

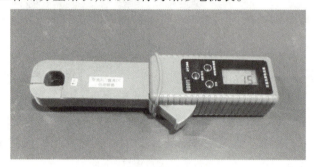

图1-16　电流钳

在电动汽车维修与诊断时,经常会测量导线中的电流。由于驱动系统的导线(如逆变器与电机之间)存在较大的交变电流,需要使用钳形电流表进行间接测量。

钳形电流表的工作部分主要由一只电流表和穿芯式电流互感器组成。穿心式电流互感器铁芯制成活动开口且呈钳形,是一种不需断开电路就可直接测量电路交流电流的携带式仪表。

测量电流时,可以按以下步骤进行:

①估算电流大小,选择正确的挡位与电流类型。例如,如果需要测量三相电动机的一相电流。

②打开电流钳,将被测量线路放入电流钳口中。

注意:测量时电流钳应保持钳口闭紧,否则无法测出正确的电流。

③启动被测量装置,读取电流值。

④如需测量一个变化的电流,应在第③步的基础上按下"MAX"键后再启动电流钳(或根据钳形电流表使用说明操作)。

3. 绝缘测试仪

绝缘电阻是表征电动汽车电器好坏的重要参数。高压导线绝缘介质的老化或受潮湿环境的影响等会导致高压电路和底盘之间的绝缘性能下降,负极引线通过绝缘层和底盘构成漏电电流回路,使底盘电位上升危及乘客的人身安全。为了消除高压电对车辆和驾乘人员人身的潜在威胁,保证电动汽车电气系统安全,在汽车维护时需要使用绝缘测试仪检测绝缘电阻。

绝缘测试仪主要分为高能数字绝缘测试仪和绝缘电阻表,如图 1-17 所示。

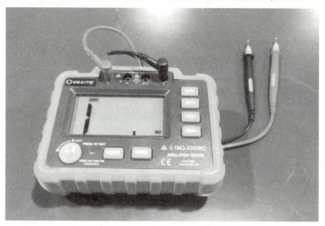

图 1-17　高能数字绝缘测试仪和绝缘电阻表

高能数字绝缘测试仪是一种由电池供电的绝缘测试仪,用于测试交/直流电压、搭铁耦合电阻和绝缘电阻。

绝缘测试只能在不通电的电路上进行,如图 1-18 所示。

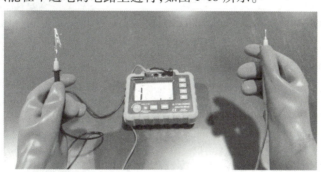

图 1-18　测试绝缘性能的示意图

黑表笔接车身,红表笔接电气元件相应的端子。操作方法,如图 1-19 所示。

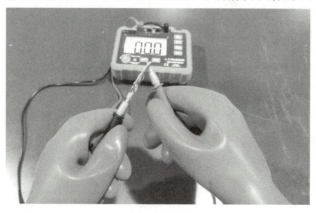

图 1-19　操作方法

绝缘电阻表是用来测量大电阻和绝缘电阻的检测仪器,计量单位为 MΩ,因此又称为兆欧级电阻表。

绝缘电阻表俗称摇表,由一个手摇发电机、表头和 3 个接线柱(L 为接线端,E 为搭铁端,G 为屏蔽端)组成。测量前,先估算电阻值,再选择适当的量程,最后检测绝缘电阻表能否正常工作,这时需要做两个试验:

①断路试验。将绝缘电阻表放置在平稳牢固的地方,将 L 接线柱和 E 接线柱分开,从慢到快摇发电机达到 120 r/min 的额定转速,观察指针是否指在刻度"∞"的位置,如果是,为正常。

②短路试验。将绝缘电阻表(图 1-20)放置在平稳牢固的地方,将 L 接线柱和 E 接线柱短接,从慢到快摇发电机达到 120 r/min 的额定转速,观察指针是否指在刻度"0"的位置,如果是,为正常。

图 1-20　绝缘电阻表

测量时,必须正确接线。测量回路对搭铁电阻时 L 接线柱与回路的裸露导体连接,E 接线柱连接搭铁线或金属外壳;测量回路绝缘电阻时,回路的首端与尾端分别与接线柱 L 和 E 连接;测量电缆的绝缘电阻时,为防止电缆表面泄漏电流对测量精度产生影响,应将电缆的屏蔽层接至 G 接线柱。线路接好后,转动摇把,从慢到快摇发电机达到 120 r/min 的额定转速后,匀速转动,1 min 后读数,并且边摇边读数,不能停下来读数。绝缘电阻表测量完毕,应立即使被测物放电,在绝缘电阻表未停止转动和被测物未放电前,不可用手去触及被测物的测量部位或进行拆线,以防止触电。

应注意:

①测量前,将被测物体断电,并进行放电,不允许带电测试,以确保检测人员的人身安全。

②绝缘电阻表的引线之间应保持一定距离,确保数据的准确性。

③测量时,被测量物体上不能有人。

④禁止在雷电时或者高压设备旁测试绝缘电阻。

⑤被测物表面应擦拭干净,不得有污物(如油漆等),以免造成测量数据不准确。

4.故障诊断仪

故障诊断仪(俗称解码器)是用于检测汽车故障的便携式设备,如图 1-21 所示,利用它可以迅速读取汽车电控系统中的故障,并通过液晶显示屏显示故障信息,迅速查明发生故障的部位及原因。

图 1-21　故障诊断仪

故障诊断仪的主要功能如下:

①方便、可靠地读取故障码。

②清除故障码。

③读取数据流。

④元件动作测试。

⑤其他辅助功能。

通常一款故障诊断仪适配多种车型,汽车上的诊断座都是统一的,更便于故障诊断仪的使用。

【拓展阅读】

目前新能源汽车主要有混合动力汽车、纯电动汽车等。它们均配有电池、电机等部件,电压高达 500 V。因此,在维修新能源汽车时,一定要使用专业的工具和设备,并做好安全防护。

汽车在行驶和使用过程中,难免会有碰撞和摩擦,导致汽车的高压电路与底盘之间的绝缘降低。因此,需要检查高压电缆和零件对车体的绝缘电阻是否在规定的数值范围内。数字兆欧表、高压绝缘电阻测试仪、绝缘电阻测量仪等主要用于检查电气设备和电气线路对地和相间的绝缘电阻,以保证这些设备、电器和线路工作在正常状态,避免触电伤亡和设备损坏等事故。

【任务评价】

序号	考核项目	考核内容	赋分/分	评分标准	得分/分
1	高压保护工具	保护工具的使用	20	能正确阐述绝缘垫、绝缘手套、绝缘头盔等的使用方法	
2	检测工具及使用方法	检测工具的使用方法	20	能正确阐述数字万用表的使用方法	
			20	能正确阐述电流钳的使用方法	
			20	能正确阐述绝缘测试仪的使用方法	
			20	能正确阐述故障诊断仪的使用方法	

【项目检测】

一、填空题

1. 电流对人体的伤害_____、_____、_____。

2. 电气作业不当,会造成_____、_____、_____、_____、_____事故。

3. 电动汽车通常采用两种形式进行高压标识,包括_____和_____颜色。

4. 电机控制器是控制动力电池和驱动电机之间能量传输的装置,其主要功能是_____、_____、_____、_____。

5. 数字万用表是一种多功能、多量程的仪表,用于测量_____、_____、_____。

二、判断题

1. 交流电压1 000 V以上为高压电,直流电压1 500 V以上为高压电。　　　(　　)

2. 绝缘是一种常见的电击预防措施,可用绝缘物或材料把带电体包住并封闭起来,保证人体不致因触及带电体而发生触电事故。　　　(　　)

3. 人体电阻是一个固定的数值。　　　(　　)

4. 当电动汽车处于举升状态进行维护时应使用绝缘头盔。　　　(　　)

5.绝缘维修工具与传统维修工具相比,两者用法相同,但多加了抗高压的绝缘层,要求绝缘柄耐电压10 000 V以上,从而保证维修人员的人身安全。　　　　（　　）

三、简答题

1.简述电气伤害的急救措施。

2.简述高压部件的安全操作流程。

3.有哪些高压防护工具?

项目二 | 驱动电机

【项目导入】

    纯电动汽车的动力输出装置主要是驱动电机。驱动电机是电动汽车行驶的动力源,是电能与机械能之间的转化部件,并将自身的运行状态信息发送给 MCU(电机控制单元)。本项目侧重于"电机",我们将对与驱动电机相关的 5 个任务进行学习。

【学习目标】

知识目标:

- 能阐述驱动电机的结构;
- 能总结驱动电机的作用;
- 能厘清驱动电机的分类;
- 能阐述驱动电机的工作原理;
- 能阐述驱动电机的常用术语;
- 能阐述驱动电机的优缺点;
- 能厘清驱动电机的型号含义。

能力目标:

- 能正确认识驱动电机的各零部件;
- 能正确拆装驱动电机;
- 能正确使用驱动电机的检测工具;
- 能正确检测驱动电机的外观、内部电阻、短路、转子、定子;
- 能正确清洁、整理工具,对工位进行 6S 操作。

素质目标:

- 履行道德准则和行为规范,具有社会责任感和社会参与意识;
- 具有质量意识、环保意识、安全意识、信息素养、工匠精神、创新思维;
- 勇于奋斗、乐观向上,具备职业生涯规划能力,有较强的集体意识和团队合作精神。

【思维导图】

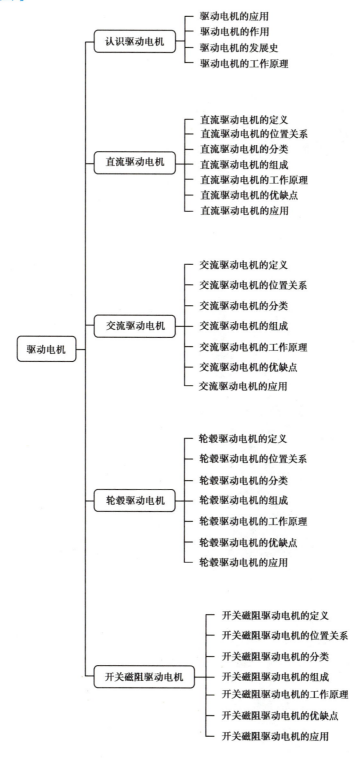

认识驱动电机
- 驱动电机的应用
- 驱动电机的作用
- 驱动电机的发展史
- 驱动电机的工作原理

直流驱动电机
- 直流驱动电机的定义
- 直流驱动电机的位置关系
- 直流驱动电机的分类
- 直流驱动电机的组成
- 直流驱动电机的工作原理
- 直流驱动电机的优缺点
- 直流驱动电机的应用

交流驱动电机
- 交流驱动电机的定义
- 交流驱动电机的位置关系
- 交流驱动电机的分类
- 交流驱动电机的组成
- 交流驱动电机的工作原理
- 交流驱动电机的优缺点
- 交流驱动电机的应用

轮毂驱动电机
- 轮毂驱动电机的定义
- 轮毂驱动电机的位置关系
- 轮毂驱动电机的分类
- 轮毂驱动电机的组成
- 轮毂驱动电机的工作原理
- 轮毂驱动电机的优缺点
- 轮毂驱动电机的应用

开关磁阻驱动电机
- 开关磁阻驱动电机的定义
- 开关磁阻驱动电机的位置关系
- 开关磁阻驱动电机的分类
- 开关磁阻驱动电机的组成
- 开关磁阻驱动电机的工作原理
- 开关磁阻驱动电机的优缺点
- 开关磁阻驱动电机的应用

驱动电机

任务一　认识驱动电机

【任务描述】

电机在生活中的应用非常广泛。电机是指根据电磁感应定律实现电能转换或传递的一种电磁装置。通过本任务的学习,读者可以掌握电机的组成、电机的历史、电机的工作原理。

【任务实施】

一、驱动电机的应用

1. 家用电器领域

直流电机在家用电器中的应用非常普遍,例如,吸尘器电机(图 2-1)、洗衣机电机(图 2-2)、电动工具、风扇等。这些家用电器中的直流电机通常采用小型、低功率的电机,它们可以直接从家庭电源中获得电力,因此,在家庭中使用十分方便。此外,直流电机的结构简单,维护成本低,使用寿命长,在家庭电器中的应用也十分广泛。

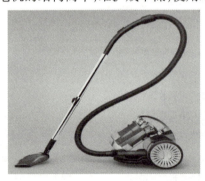
图 2-1　吸尘器电机

图 2-2　洗衣机电机

2. 工业机械领域

电机在工业机械中的应用也非常广泛,例如,机床(图 2-3)、起重机(图 2-4)、风力发电机、电动汽车等。这些工业机械中的直流电机通常采用大型的、高功率的电机,它们需要通过专门的电源进行供电,因此,使用起来相对复杂。但是,直流电机的高效率、高转矩、精确控制等优点,使得它在工业机械领域中得到了广泛应用。

图2-3　机床

图2-4　起重机

3. 交通运输领域

电机在交通运输领域中的应用也十分广泛,例如,电动车(图2-5)、电动摩托车(图2-6)、电动自行车等。这些交通工具中的直流电机通常采用中型、低功率的电机,它们需要通过电池进行供电,因此使用起来较为方便。此外,直流电机的高效率、低噪声、低振动等优点,使得它在交通运输领域中得到了广泛应用。

图2-5　电动车

图2-6　电动摩托车

4. 航空航天领域

电机在航空航天领域中的应用也非常广泛,例如,导弹(图2-7)、卫星(图2-8)、飞机等。这些航空航天器中的直流电机通常采用小型、高功率的电机,它们需要通过专门的电源进行供电,因此使用起来较为复杂。但是,直流电机的高效率、高转矩、精确控制等优点,使得它在航空航天领域中得到了广泛应用。

图2-7　导弹

图2-8　卫星

5.医疗领域

电机在医疗领域中的应用也非常广泛,例如,医疗设备(图2-9)、手术器械(图2-10)等。这些医疗设备中的直流电机通常采用小型、低功率的电机,它们需要通过专门的电源进行供电,因此使用起来较为复杂。但是,直流电机的高精度、高可靠性、低噪声等优点,使得它在医疗领域中得到了广泛应用。

图2-9　医疗设备

图2-10　手术器械

6.其他领域

除了以上提到的领域,电机在其他领域中的应用也非常广泛,例如,机器人(图2-11)、军事设备、船舶(图2-12)等。这些领域中的直流电机通常采用不同规格的电机,但是它们都具有直流电机的共同特点,即高效率、高转矩、精确控制、低噪声、低振动等优点。

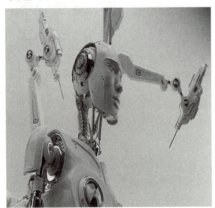

图2-11　机器人

图2-12　船舶

二、驱动电机的作用

图2-13　电机

电机(Electric Machinery,俗称"马达")是指依据电磁感应定律实现电能转换或传递的一种电磁装置。电机主要是利用通电线圈(也就是定子绕组)产生旋转磁场并作用于转子(如鼠笼式闭合铝框)形成磁电动力旋转扭矩,如图2-13所示。

三、驱动电机的发展史

1820年7月21日,丹麦哥本哈根大学教授、物理学家奥斯特发现了"电流的磁效应",建立了电磁的相互联系,从此诞生了电磁学。

1821年,英国著名物理学家法拉第制成了第一个实验电机的模型(图2-14),1822年法拉第证明电可以做工运动,人类进入电气时代。随着第一台实用发电机的成功发明,第二次工业革命拉开序幕。后续法拉第又在1831年发现了电磁感应现象,此外,他还发现了电解定律,对气体放电现象进行了大量的卓有成效的研究,为后来伦琴射线、天然放射性、同位素等的发现准备了条件,为现代物理学的发展奠定了基础。在电磁学的研究过程中,他创造了诸如抗磁性、顺磁性、电介质、力线、阴离子、阳离子等新词汇,提出了"场"的概念。

法拉第制造了第一台实验性电动机、发电机、第一台变压器,研究过气体的液化、光学、电化学,是名副其实的电学之父和交流电之父。

图2-14 法拉第1821年实验电机模型

1870年,比利时人格拉姆发明了直流发电机。在设计上,直流发电机和电动机十分相似。后来,格拉姆证明向直流发动机输入电流,其转子会像电机一样旋转。于是,这种格拉姆型电机被大量制造,效率得到明显提高。

1888年,美国发明家特斯拉根据电磁感应原理发明了交流电动机。这种电动机结构简单,使用交流电,无须整流,无火花,被广泛应用在工业和家庭电器中,交流电动机通常用三相交流供电。

电机主要由转子、定子、电刷、端盖及轴承等部件构成。定子是由定子铁芯、机座、线包绕组及固定这些部件的其他结构件组成。转子由转子磁极、转子铁芯、滑环、转轴及风扇等部件组成。发电机电流的产生是通过轴承、机座及端盖将发电机的定子、转

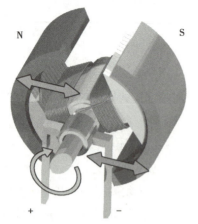

图 2-15　转子旋转

子连接组装起来,使转子在定子中旋转,通过滑环通入一定励磁电流,使转子成为一个旋转磁场,定子线圈做切割磁力线的运动,从而产生感应电势。通过接线端子引出,接在回路中,这样就产生了电流。由于电刷与转子相连处有断路,使转子按一定方向转动,产生交变电流,简称交流电,如图 2-15 所示。

在电机的发展中,领先发展的是直流电机,其发展前半部分大致可分为以永磁体作为磁场的阶段,以电磁铁作为磁极的阶段以及改变励磁方式的阶段。因为电机的使用必须要由直流发电机提供电流,所以在这三个发展阶段中,励磁技术是直流电机得以发展的一个关键性技术,它为发电机提供技术理论支撑,电机的发展随着发电机的发展而进步,也使得电机进入了新的应用阶段,如图 2-16 所示。

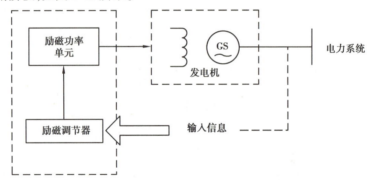

图 2-16　励磁系统

1854 年,丹麦的赫尔特·维尔纳兄弟申请了自激式发电机的专利。此后科学家们又发明了串激式自激发电机和自并励发电机,大大改变了直流发电机的性能,使得直流电机发展进入新阶段。

直流电机的完善阶段集中在 19 世纪六七十年代,在该阶段齿状电枢、环状电枢以及鼓型转子被先后发明,新技术大大降低了电机的生产成本,使电机进入实际应用的时代。

随着直流发电技术的发展,直流发电机可以发出的最大电压为 57.6 kV,输出的最大功率为 4 650 kW,输送的距离可达 180 km。但是这很快就达到了技术上的极限,交流电动机开始受到重视。

1889 年,俄国工程师杜列夫-杜波洛沃尔斯基发明了鼠笼式三相电动机,这是第一台能够使用的三相交流电动机,至此电动机发展到了可以进入工业应用的阶段。

四、驱动电机的工作原理

驱动电机的工作原理是磁场对电流受力的作用,使电机转动。一根通电导线在磁场中会受到力的作用,这种力在宏观上表现为安培力,在微观上表现为运动电荷所受的洛伦兹力,如图2-17所示。

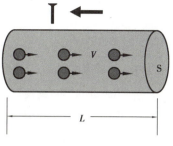

图2-17 洛伦兹力

【拓展阅读】

1.电生磁

电生磁就是用一条直的金属导线通过电流,在导线周围的空间产生圆形磁场。导线中流过的电流越大,产生的磁场就越强。磁场成圆形,围绕在导线周围。如图2-18、图2-19所示。

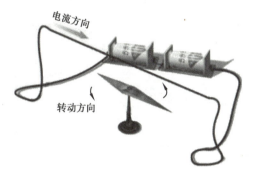

图2-18 奥斯特实验

图2-19 电生磁

2.磁生电

磁生电是英国科学家法拉第发现的。其原理是当闭合电路的一部分导体做切割磁感线运动时,在导体上就会产生电流的现象,这种现象称为电磁感应现象,产生的电流叫作感应电流。发电机就是根据此原理制成的,如图2-20所示。

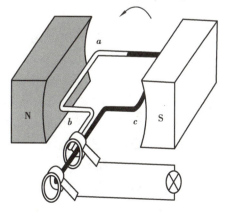

图2-20 磁生电

【任务评价】

序号	考核项目	考核内容	赋分/分	评分标准	得分/分
1	驱动电机的应用	驱动电机在生活中的应用	15	简单列举驱动电机的应用	
2	驱动电机的定义	直流驱动电机的初步认识	30	能用自己的语言说明直流驱动电机的含义	
3	驱动电机的发展史	驱动电机的发展历史	15	能用自己的语言阐述电机在某些重要时刻的重大突破	
4	驱动电机的工作原理	磁场对电流受力的作用	40	能用自己的语言阐述直流驱动电机的工作原理	

任务二 直流驱动电机

【任务描述】

驱动电机系统是新能源电动汽车的三大核心部件之一,是车辆行驶的执行机构,其特性决定了车辆的主要性能指标,直接影响车辆的动力性、经济性和用户驾乘感受。通过本任务的学习,读者可以知道直流驱动电机的组成,直流驱动电机的基本工作原理,直流驱动电机与传统汽车电机的差别。

【任务实施】

一、直流驱动电机的定义

驱动电动汽车行驶的电机,常称为驱动电机,主要是将电能转化机械能,但是在汽车减速、下坡或制动的情况下能把汽车的机械能转化成电能保存到蓄电池中。

直流驱动电机是将直流电能转换成机械能的电机,是电机的主要类型之一,具有结构简单、技术成熟、控制容易等特点,在早期的电动汽车或希望获得更简单结构的电动汽车中应用,特别是场地用电动车辆和低速电动汽车,如图 2-21 所示。

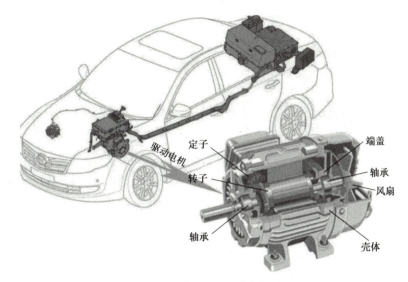

图 2-21　驱动电机

二、直流驱动电机的位置关系

电动汽车的电机是安装在以前燃油车的发动机机舱内的,在车体下部位置,如图 2-22 所示。驱动电机是为车辆行驶提供驱动力的电动机,其动力特性决定了车辆的主要性能指标,动力性主要受路况(平路、上坡、下坡)、最高车速和车辆加速度的影响。驱动电机系统主要由驱动电机、电机控制器及其工作必需的辅助装置组成。

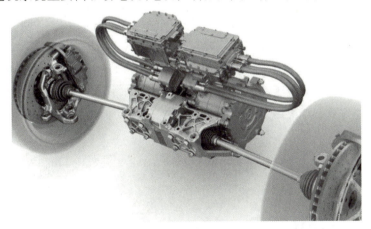

图 2-22　驱动电机位置

三、直流驱动电机的分类

1. 按励磁方式分类

直流驱动电机的励磁方式是指对励磁绕组如何供电、产生励磁磁通势而建立主磁场的问题。根据励磁方式的不同,直流驱动电机可分为以下几种类型,如图 2-23 所示。

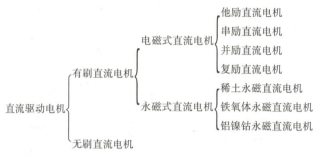

图 2-23　直流驱动电机的分类

1）他励直流电机

励磁绕组与电枢绕组无连接关系，由其他直流电源对励磁绕组供电的直流电机称为他励直流电机。永磁直流电机也可看作他励直流电机，如图 2-24 所示。

图 2-24　他励直流电机

永磁直流电机按照有无电刷可分为永磁无刷直流电机和永磁有刷直流电机。永磁直流电机是用永磁体建立磁场的一种直流电机。永磁直流电机广泛应用于各种便携式的电子设备或器具中，如录音机、VCD 机、电唱机、电动按摩器及各种玩具，也广泛应用于汽车、摩托车、干手器、电动自行车、蓄电池车、船舶、飞机、机械等，在一些高精尖的产品中也有广泛应用，如录像机、复印机、照相机、手机、精密机床、银行点钞机、捆钞机等，如图 2-25 所示。

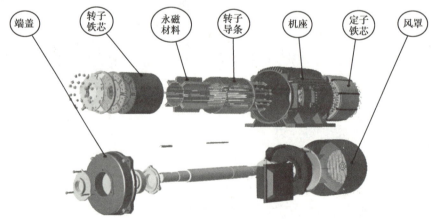

图 2-25　永磁直流电机

2）串励直流电机

串励直流电机的励磁绕组与电枢绕组串联后，再接于直流电源。这种直流电机的励磁电流就是电枢电流，如图 2-26 所示。

图 2-26 串励直流电机

3）并励直流电机

并励直流电机的励磁绕组与电枢绕组并联。作为并励发电机来说，是电机本身发出来的端电压为励磁绕组供电；作为并励电动机来说，励磁绕组与电枢共用同一电源，从性能上讲，与他励直流电机相同，如图 2-27 所示。

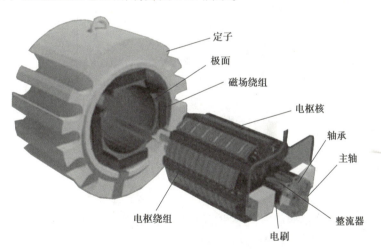

图 2-27 并励直流电机

4）复励直流电机

复励直流电机有并励和串励两个励磁绕组。若串励绕组产生的磁通势与并励绕组产生的磁通势方向相同则称为积复励；若两个磁通势方向相反，则称为差复励，如图 2-28 所示。

图 2-28　复励直流电机

不同励磁方式的直流电机有着不同的特性。一般情况下,直流电动机的主要励磁方式是并励式、串励式和复励式,直流发电机的主要励磁方式是他励式、并励式和复励式,如图 2-29 所示。

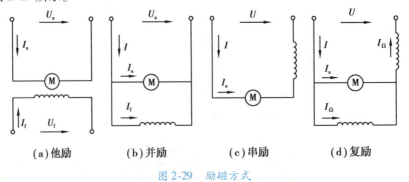

(a)他励　　　　(b)并励　　　　(c)串励　　　　(d)复励

图 2-29　励磁方式

2. 按有无刷分类

1)无刷直流电机

无刷直流电机是将普通直流电机的定子与转子进行了互换。其转子为永久磁铁产生气隙磁通:定子为电枢,由多相绕组组成,如图 2-30 所示。

无刷直流电机定子的结构与普通同步电动机或感应电动机相同。在铁芯中嵌入多相绕组(三相、四相、五相不等)。绕组可接成星形或三角形,并分别与逆变器的各功率管相连,以便进行合理换相。转子多采用钐钴或钕铁硼等高矫顽力、高剩磁密度的稀土材料,由于磁极中磁性材料所放的位置不同,可分为表面式磁极、嵌入式磁极和环形磁极。由于电动机本体为永磁电机,所以习惯上把无刷直流电机也称为永磁无刷直流电机。

图 2-30 无刷直流电机

2）有刷直流电机

有刷直流电机的两个刷（铜刷或者碳刷）是通过绝缘座固定在电动机后盖上直接将电源的正负极引入转子的换相器上,而换相器连通了转子上的线圈,3 个线圈极性不断交替变换与外壳上固定的两块磁铁形成作用力而转动起来。由于换相器与转子固定在一起,而刷与外壳（定子）固定在一起,电动机转动时刷与换相器不断发生摩擦产生大量的阻力和热量。因此有刷电机的效率低下损耗非常大。但是它同样具有制造简单、成本低廉的优点,如图 2-31 所示。

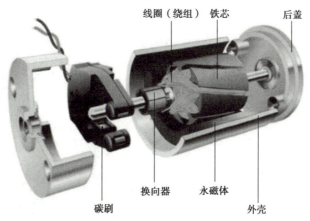

图 2-31 有刷直流电机

四、直流驱动电机的组成

直流驱动电机的结构应由定子和转子两个部分组成。

直流驱动电机运行时静止不动的部分称为定子,定子的主要作用是产生磁场,由机座、主磁极、换向极、端盖、轴承和电刷装置等组成。直流驱动电机运行时转动的部分称为转子,其主要作用是产生电磁转矩和感应电动势,是直流驱动电机进行能量转换的枢纽,所以通常又称为电枢,由转轴、电枢铁芯、电枢绕组、换向器和风扇等组成,如图 2-32 所示。

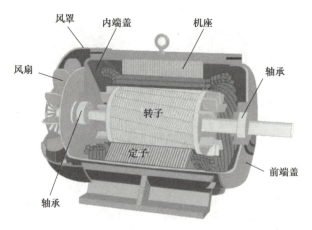

图 2-32　直流驱动电机的组成

1. 定子

1）主磁极

主磁极的作用是产生气隙磁场。主磁极由主磁极铁芯和励磁绕组两个部分组成。铁芯一般用 0.5～1.5 mm 厚的硅钢板冲片叠压铆紧而成,分为极身和极靴两个部分,上面套励磁绕组的部分称为极身,下面扩宽的部分称为极靴,极靴宽于极身,既可以调整气隙中磁场的分布,又便于固定励磁绕组。励磁绕组用绝缘铜线绕制而成,套在主磁极铁芯上。整个主磁极用螺钉固定在机座上,如图 2-33 所示。

2）换向极

换向极的作用是改善换向,减小电机运行时电刷与换向器之间可能产生的换向火花,一般装在两个相邻的主磁极之间,由换向极铁芯和换向极绕组组成。换向极绕组用绝缘导线绕制而成,套在换向极铁芯上。换向极的数目与主磁极相等,如图 2-34 所示。

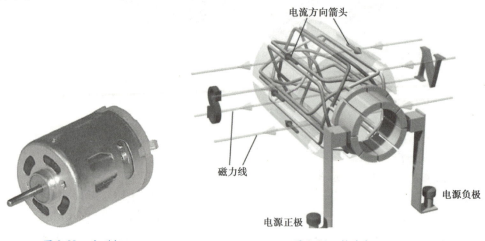

图 2-33　主磁极　　　　　　　　　　图 2-34　换向极

3）机座

电机定子的外壳称为机座。机座的作用有以下两种：一是用来固定主磁极、换向极和端盖,起整个电机的支撑和固定作用；二是机座本身也是磁路的一部分,借以构成磁极之间磁的通路,磁通通过的部分称为磁轭。为了保证机座具有足够的机械强度和良好的导磁性能,一般为铸钢件或钢板焊接而成,如图 2-35 所示。

图 2-35 机座

4）电刷装置

电刷装置是用来引入或引出直流电压和直流电流的。电刷装置由电刷、刷握、刷杆和刷杆座等组成。电刷放在刷握内,用弹簧压紧,使电刷与换向器之间有良好的滑动接触,刷握固定在刷杆上,刷杆装在圆环形的刷杆座上,相互之间必须绝缘。刷杆座装在端盖或轴承内盖上,圆周位置可以调整,调好后加以固定,如图 2-36 所示。

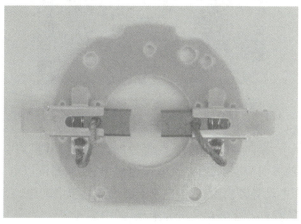

图 2-36 电刷装置

2. 转子

1）电枢铁芯

电枢铁芯是主磁路的主要部分,同时用以嵌放电枢绕组。一般电枢铁芯采用由 0.5 mm 厚的硅钢片冲制而成的冲片叠压而成,以降低电机运行时电枢铁芯中产生的涡流损耗和磁滞损耗。将叠成的铁芯固定在转轴或转子支架上。铁芯的外圆开有电枢槽,槽内嵌放电枢绕组,如图 2-37 所示。

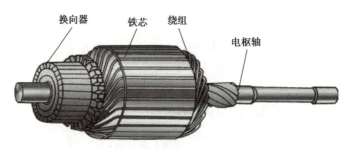

图 2-37　电枢铁芯

2）电枢绕组

电枢绕组的作用是产生电磁转矩和感应电动势,是直流驱动电机进行能量变换的关键部件,故称为电枢。它是由许多线圈(以下称"元件")按照一定规律连接而成的,线圈采用高强度漆包线或玻璃丝包扁铜线绕成,不同线圈的线圈边分上下两层嵌放在电枢槽中,线圈与铁芯之间以及上、下两层线圈边之间都必须妥善绝缘。为防止离心力将线圈边甩出槽外,槽口用槽楔固定。线圈伸出槽外的端接部分用热固性无纬玻璃带进行绑扎,如图 2-38 所示。

图 2-38　电枢绕组

3）换向器

在直流电动机中,换向器配以电刷,能将外加直流电源转换为电枢线圈中的交变电流,使电磁转矩的方向恒定不变;在直流发电机中,换向器配以电刷,能将电枢线圈中感应产生的交变电动势转换为正、负电刷上引出的直流电动势。换向器是由许多换向片组成的圆柱体,换向片之间用云母片绝缘,如图 2-39 所示。

图 2-39　换向器

4）转轴

转轴起转子旋转的支撑作用,需有一定的机械强度和刚度,一般用圆钢加工而成,如图 2-40 所示。

图 2-40　转轴

五、直流驱动电机的工作原理

直流发电机 N、S 为定子磁极,a、b、c、d 是固定在可旋转导磁圆柱体上的线圈,线圈连同导磁圆柱体称为电机的转子或电枢。线圈的首末端 a、d 连接到两个相互绝缘并可随线圈一同旋转的换向片上。转子线圈与外电路的连接是通过放置在换向片上固定不动的电刷进行的,如图 2-41 所示。

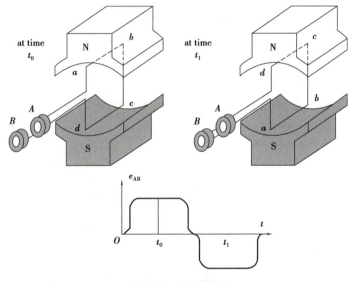

图 2-41　直流发电机

当电动机在此位置时,1 和 3 接触,2 和 4 接触,线圈中电流方向为 $A→B→C→D$,磁场的方向为 $N→S$,据此可判断出,线圈 AB 段所受力的方向为向上,CD 段所受力方向为向下,这样线圈会顺时针转动,如图 2-42 所示。

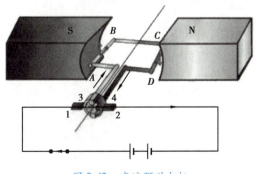

图 2-42　直流驱动电机

直流驱动电机中固定有环状永磁体,电流通过转子上的线圈产生安培力,当转子上的线圈与磁场平行时,再继续转受到的磁场方向将改变,因此此时转子末端的电刷跟转换片交替接触,从而线圈上的电流方向也发生改变,产生的洛伦兹力方向不变,所以电机能保持一个方向转动。

直流发电机的工作原理就是把电枢线圈中感应的交变电动势,靠换向器配合电刷的换向作用,使之从电刷端引出时变为直流电动势的原理。

感应电动势的方向按右手定则确定(磁感线指向手心,大拇指指向导体运动方向,其余四指的指向就是导体中感应电动势的方向)。

导体受力的方向用左手定则确定。这一对电磁力形成了作用在电枢的一个力矩,这个力矩在旋转电机中称为电磁转矩,转矩的方向是逆时针方向,企图使电枢按逆时针方向转动。如果此电磁转矩能够克服电枢上的阻转矩(例如,由摩擦引起的阻转矩以及其他负载转矩),电枢就能按逆时针方向旋转起来。

六、直流驱动电机的优缺点

直流驱动电机的优点:

①起动和调速性能好,调速范围广,过载能力强,受电磁干扰影响小;

②直流驱动电机具有良好的起动特性和调速特性;

③直流驱动电机的转矩比较大;

④维修比较便宜;

⑤直流驱动电机的直流相对于交流电机比较节能环保。

直流驱动电机的缺点:

①直流驱动电机制造比较贵,有碳刷。

②与异步电机相比,直流驱动电机结构复杂,使用维护不方便,而且要用直流电源。

③复杂的结构限制了直流驱动电机的体积和重量的进一步减小,尤其是电刷和换向器的滑动接触造成了机械磨损和火花,使直流电动机的故障多、可靠性低、寿命短、保养维护工作量大。

④换向火花既造成了换向器的电腐蚀,还是一个无线电干扰源,会对周围的电器设备带来有害的影响。由于电机的容量越大、转速越高,问题就越严重。因此,普通直流驱动电机的电刷和换向器限制了直流驱动电机向高速度、大容量发展。

图 2-43 电动剃须刀

七、直流驱动电机的应用

在日常生活中,直流驱动电机运用得比较少,都是一些小功率的电器在使用,例如,那些充电后使用的转动电器都是直流驱动电机,如电动剃须刀(图 2-43)等。交流电机用得比较广,如电风扇、洗衣机、空调室外机等。

【拓展阅读】

驱动电机技术参数

1. 基速

电机的额定转速,当电机励磁绕组中通入额定的励磁电压或励磁电流,且此时电机带的负载为额定值,这时的电机转速即为基速。

2. 额定功率

电机的额定功率是指电机在额定运行(额定电压、额定频率、额定负载)条件下,转轴上输出的机械功率。

3. 峰值功率

峰值功率就是当负载突然变化时,电机短时间能够产生的最大功率。

4. 额定扭矩

电机的额定扭矩是指在额定条件下运行的电机的轴端输出的转矩。

5. 峰值扭矩

峰值扭矩是指电机输出的最大扭矩,在力矩曲线上为最高点,故称为峰值。

6. 防护等级

电机防护等级采用国际电工委员会推荐的IPxx等级标准,不同的安装场所对防护等级要求是不一样的。将电气设备依其防尘和防湿气的特性加以分级,IP防护等级是由两个数字组成,第1个数字表示防止灰尘等外物侵入的等级,最高级别是6。第2个数字表示防湿气、防水侵入的密闭程度,数字越大表示其防护等级越高,最高级别是8,如图2-44所示。新能源汽车高压部件的防护等级通常为IP67。

第一位数	防尘	第二位数	防水
	简短说明		简短说明
0	无防护	0	无防护
1	防大于 50 mm 固体异物	1	防滴
2	防大于 12 mm 固体异物	2	防滴
3	防大于 2.5 mm 固体异物	3	防淋水
4	防大于 1 mm 固体异物	4	防溅水
5	防尘	5	防喷水
6	尘密	6	防猛烈海浪/强喷水
		7	防浸水影响
		8	防潜水影响

图 2-44 IP 防护等级

【任务评价】

序号	考核项目	考核内容	赋分/分	评分标准	得分/分
1	直流驱动电机的定义	直流驱动电机的初步认识	20	能用自己的语言说明直流驱动电机的含义	
2	直流驱动电机的位置关系	直流驱动电机车上的位置	15	根据实车能正确指出直流驱动电机的所在位置	
3	直流驱动电机的分类	直流驱动电机根据励磁绕组和有无电刷分类	15	能用自己的语言阐述直流驱动电机的分类	
4	直流驱动电机的组成	直流驱动电机由转子和定子两部分组成	20	能正确认识转子和定子的作用和零件	
5	直流驱动电机的工作原理	直流驱动电机包括直流发电机和直流电动机两部分	20	能用自己的语言阐述直流驱动电机的工作原理	
6	直流驱动电机的优缺点	直流驱动电机相较于其他电机的差别	10	能用自己的语言阐述直流驱动电机的优缺点	

任务三　交流驱动电机

【任务描述】

　　驱动电机是将电能转换成机械能为车辆行驶提供驱动力的电气装置,该装置也具备机械能转换成电能的功能。通过本任务的学习,读者可以知道交流驱动电机的组成,交流驱动电机的基本工作原理,直流驱动电机与传统汽车电机的差别。

【任务实施】

一、交流驱动电机的定义

　　交流驱动电机是用于实现机械能和交流电能相互转换的机械。由于交流电力系统的巨大发展,交流驱动电机已成为最常用的电机。交流驱动电机的主要构成是定子还有转子,交流驱动电机在磁场的作用下会因电流而产生受力的作用使电机转动。

交流驱动电机与直流驱动电机相比,由于交流驱动电机没有换向器(见直流驱动电机的换向),因此其结构简单,制造方便,比较牢固,容易做成高转速、高电压、大电流、大容量的电机。交流驱动电机功率的覆盖范围大,从几瓦到几十万千瓦、甚至上百万千瓦,如图2-45所示。

图 2-45　交流驱动电机

二、交流驱动电机的位置关系

传统汽车的交流驱动电机安装在发动机上。新能源汽车的交流驱动电机则安装在传统汽车的发动机舱内,如图2-46所示。

图 2-46　交流驱动电机的位置

三、交流驱动电机的分类

1. 按功能分类

交流驱动电机按功能通常分为交流发电机、交流电动机和同步调相机三大类。由于电机工作状态的可逆性,同一台电机既可作发电机又可作电动机。

将电机分为发电机与电动机并不确切,只是有些电机主要作发电机运行,有些电机主要作电动机运行。

1)交流发电机

交流发电机是将其他形式的能源转换成电能的机械设备,它由水轮机、汽轮机、柴油机或其他动力机械驱动,将水流、气流、燃料燃烧或原子核裂变产生的能量转化为机械能传给发电机,再由发电机转换为电能,如图2-47所示。

图 2-47　交流驱动发电机

2）交流驱动电动机

交流驱动电动机是一种将交流电的电能转变为机械能的装置。交流驱动电动机主要由一个用以产生磁场的电磁铁绕组或分布的定子绕组和一个旋转电枢或转子组成。电动机是利用通电线圈在磁场中受力转动的现象而制成的。交流驱动电动机分为同步交流电动机和感应电动机两种，如图 2-48 所示。

图 2-48　交流电动机

3）同步调相机

同步调相机是一种在特殊运行状态下的同步电机，当应用于电力系统时，能根据系统的需要，自动地在电网电压下降时增加无功输出。在电网电压上升时吸收无功功率，以维持电压，提高电力系统的稳定性，改善系统供电质量。同步电机运行于电动机的状态，不带机械负载也不带原动机，只向电力系统提供或吸收无功功率的同步电机，又称为同步补偿机，如图 2-49 所示。

图 2-49　同步调相机

2.按品种分类

交流驱动电机按品种分有同步电机、异步电机两大类。

1)同步电机

同步电机和感应电机(即异步电机)一样,是一种常用的交流驱动电机。同步电机是电力系统的心脏,它是一种集旋转与静止、电磁变化与机械运动于一体,实现电能与机械能变换的元件,其动态性能十分复杂,而且其动态性能又对全电力系统的动态性能有极大的影响,如图 2-50 所示。

图 2-50　同步电机

2)异步电机

异步电机又称为感应电机,是由气隙旋转磁场与转子绕组感应电流相互作用产生电磁转矩,从而实现机电能量转换为机械能量的一种交流驱动电机。

三相异步电机主要用作电动机,拖动各种生产机械,例如,风机、泵、压缩机、机床、轻工及矿山机械、农业生产中的脱粒机和粉碎机、农副产品中的加工机械等。其结构简单、制造容易、价格低廉、运行可靠、坚固耐用、运行效率较高并具有适用的工作特性,如图 2-51 所示。

四、交流驱动电机的组成

交流驱动电机的结构应由定子和转子两大部分组成。交流驱动电机包括固定部分和旋转部分两个部分。固定部分一般由机座、端盖、定子绕组等组成;旋转部分一般由转子、轴、轴承等组成。

1. 固定部分

1)机座

机座是电机的支撑结构,在固定旋转部分的同时,还能够承受外界的力和振动,如图 2-52 所示。

图 2-51 三相异步电机

图 2-52 机座

2)端盖

端盖和机座一起构成电机的外壳,可以保护内部结构,同时还能起到密封和散热的作用,如图 2-53 所示。

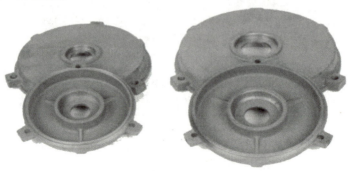
图 2-53 端盖

3)定子绕组

定子绕组是电机的定子部分,由若干个线圈通过绝缘材料绕制成。定子绕组是安装在定子上的绕组,也就是绕在定子上面的铜线。绕组是由多个线圈或线圈组构成一相或整个电磁电路的统称。定子的主要作用是产生旋转磁场,如图 2-54 所示。

2.旋转部分

1)转子

转子是电机的旋转部分,由若干个导体片组成,通过轴芯相连,能够随着电流的变化产生旋转。转子的主要作用是在旋转磁场中被磁力线切割进而产生(输出)电流,如图 2-55 所示。

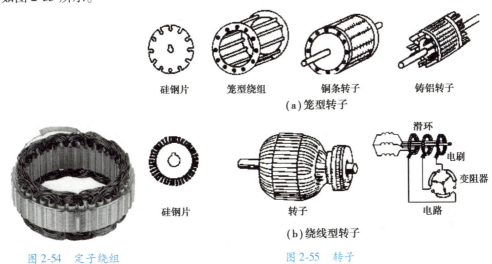

硅钢片　　　笼型绕组　　　铜条转子　　　铸铝转子

(a)笼型转子

硅钢片　　　　转子　　　　电路

滑环　　电刷　　变阻器

(b)绕线型转子

图 2-54　定子绕组　　　　　　　　　图 2-55　转子

2)轴

轴是连接固定部分和旋转部分的主要零部件,它能够承受转矩和外界的负载,同时还要具有足够的强度和耐腐蚀性能,如图 2-56 所示。

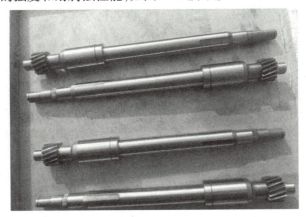

图 2-56　轴

3)轴承

轴承主要用于支撑和定位转子,同时还能够减小机械摩擦和能量损失,如图 2-57所示。

五、交流驱动电机的工作原理

交流驱动电机是一种将交流电能转化为机械能的装置。

交流驱动电机的工作原理:根据交流电的特性,交流驱动电机在定子绕组中产生旋转磁场,然后使转子线圈切割磁感应线,使转子线圈产生感应电流,感应电流产生的感应磁场与定子磁场相反,使转子产生旋转力矩,即线圈可以继续旋转。

交流驱动电机是一种将交流电能转化为机械能的机器。交流驱动电机主要由产生磁场的电磁铁绕组或分布式定子绕组和旋转的电枢或转子组成。电动机是由通电线圈在磁场中被迫旋转的现象制成的,如图 2-58 所示。

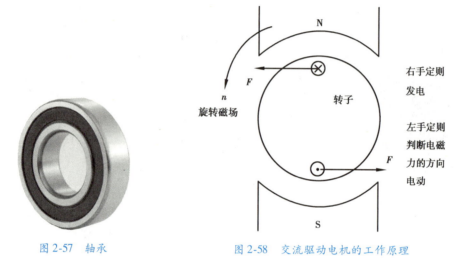

图 2-57　轴承　　　　　　　　图 2-58　交流驱动电机的工作原理

六、交流驱动电机的优缺点

交流驱动电机的优点:

①构造简单:交流驱动电机由少量零部件组成,结构简单,维护成本低。

②工作可靠:交流驱动电机具有长寿命、稳定性好、工作可靠等特点,且不易受环境温度和湿度等因素的影响。

③转速调节范围广:交流驱动电机的转速可以通过多种方式进行调节,调节范围广,能够适应不同的工作条件和需求。

④起动电流小:交流驱动电机起动时的电流较小,不会对电网造成大的冲击,节省了电网的成本。

⑤适用性广:交流驱动电机适用于各种负载类型和工作条件,具有很高的通用性和灵活性。

交流驱动电机的缺点:

①制造成本高:由于交流驱动电机需要采用高品质的材料和精密的加工工艺,其制造成本较高。

②调速控制复杂：交流驱动电机的调速控制需要采用专用的变频器等设备，成本较高，同时调速过程较为复杂。

③效率不高：交流驱动电机的效率一般较低，尤其在低转速和部分负载下更为明显。

④起动扭矩小：交流驱动电机在起动时的起动扭矩较小，可能无法满足某些工况的需求。

⑤对电网造成谐波污染：交流驱动电机在工作过程中会产生一定的谐波，可能对电网造成一定的污染和影响。

七、交流驱动电机的应用

不同类型的交流驱动电机具有不同的特点和应用场景。其中，异步电机常用于工业生产中低速高扭矩的场合，如电动机、风机、水泵等。同步电机则更适用于需要精确匹配运动速度和时序的场合，如电动钟（图2-59）、电动发电机等。

总的来说，交流驱动电机作为电气设备中的重要组成部分，在现代生活中扮演着至关重要的角色。

图2-59 电动钟

【拓展阅读】

定子绕组连接方式

电动机定子三相绕组与交流电源连接的方法有两种：一种是星形接法；另一种是三角形接法。电动机绕组形式不变，原来用什么接法就按什么接法来接，不能更改接法。

1. 星形接法

星形接法就是把三相绕组的3个尾端连接在一起，而把3个首端分别接入三相电源的一种接线方式，星形接法适合功率较小的电动机采用，一般用在功率为4 kW以下的电动机上，如图2-60所示。

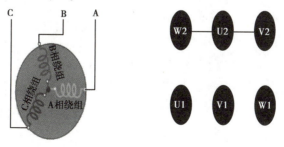

图2-60 星形接法

2.三角形接法

三角形接法是把一个绕组的尾端和另一个绕组的首端按顺序连接,如 V2 接 W1,W2 接 U1,U2 接 V1,连接成一个闭合回路,这种接线方式是从 3 个相连接的点接入三相交流电源,如图 2-61 所示。

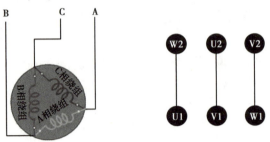

图 2-61　三角形接法

两种接法电压和电流的特点是:接成星形时,线电压等于相电压的 $\sqrt{3}$ 倍,线电流等于相电流。接成三角形时线电压等于相电压,线电流等于相电流的 $\sqrt{3}$ 倍。

【任务评价】

序号	考核项目	考核内容	赋分/分	评分标准	得分/分
1	交流驱动电机的定义	初步认识交流驱动电机	20	能用自己的语言说明交流驱动电机的含义	
2	交流驱动电机的位置关系	交流驱动电机在车上的位置	15	根据实车能正确指出交流驱动电机的所在位置	
3	交流驱动电机的分类	交流驱动电机根据励磁绕组和有无电刷分类	15	能用自己的语言阐述交流驱动电机的分类	
4	交流驱动电机的组成	交流驱动电机包含转子和定子两大部分	20	能正确认识转子和定子的作用和零件	
5	交流驱动电机的工作原理	交流驱动电机包括交流发电机和交流电动机两部分	20	能用自己的语言阐述交流驱动电机的工作原理	
6	交流驱动电机的优缺点	直流驱动电机相较于其他电机的差别	10	能用自己的语言阐述交流驱动电机的优缺点	

任务四　轮毂驱动电机

【任务描述】

　　轮毂驱动电机将电能转换成机械能为车辆行驶提供驱动力的电气装置,该装置也具备机械能转换成电能的功能。通过本任务的学习,读者可以知道轮毂驱动电机的组成,轮毂驱动电机的基本工作原理,有轮毂驱动电机的轮胎与普通轮胎的区别。

【任务实施】

一、轮毂驱动电机的定义

　　轮毂驱动电机是指将电机直接集成在车轮轮毂中的电机系统。与传统的车辆动力传输系统不同,轮毂电机将动力直接传输到车轮,而不需要传统的传动系统(如传动轴、差速器等)。它是将车子的动力系统、传动系统、刹车系统集成在一起而设计出来的电机。轮毂驱动电机的最大特点就是将动力装置和传动装置都整合到轮毂内,因此将电动车辆的机械部分大大简化。就不用像中置电机的车辆一样还需要通过链条来传动,它增加了传动效率。

　　轮毂驱动电机又称为电动轮,就是将传统汽车的离合器、变速器、传动轴、差速器等部件高度集成在一起,能够充分释放车内空间,是未来新能源汽车驱动技术的方向,如图 2-62 所示。

图 2-62　轮毂驱动电机

二、轮毂驱动电机的位置关系

　　轮毂驱动电机安装在轮胎上,将驱动、传动和制动装置全部安置在车轮轮毂内,直接驱动车轮转动,故又称为轮内电机。由于电机直接驱动车轮,MCU(电机控制器)只需要一个简单的指令就可以直接控制车轮的转速和扭矩,可以很容易实现非常复杂的控制,如图 2-63 所示。

图 2-63　轮毂驱动电机的位置

三、轮毂驱动电机的分类

轮毂电机驱动系统根据电机的转子形式分,主要分为内转子式和外转子式。

1)内转子式

内转子轮毂驱动电机,这种类型的电机通常在高速状态下工作,电机减速器安装在电机和车轮之间,以降低速度并增加电机的转矩。减速器的形式分为两种类型:传统的行星齿轮机械减速装置和新的磁齿轮减速装置。减速驱动的特点在于:电机高速运转,功率大,效率高。但是减速驱动也存在诸多问题,例如,机械齿轮在高转速状态下非常容易磨损,从而导致电机故障率高、寿命短,还存在噪声以及散热等问题。而磁力齿轮减速方法目前的技术尚不成熟,操作可靠性不高,制造困难,制造成本高。减速驱动适用于需要电机过载能力强的丘陵或山区,如图 2-64 所示。

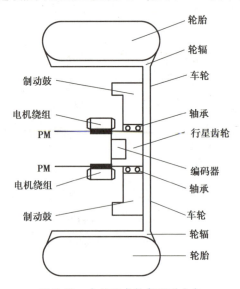

图 2-64　内转子式轮毂驱动电机

2)外转子式

外转子轮毂驱动电机,这种类型的电机一般运行在较低的转速下,不需要减速机构,整个驱动结构更为简洁、紧凑,轴向尺寸变小,动态响应更快,效率得到进一步提升。但是直接驱动方式的缺点同样存在:起动、爬升和承载大负载需要大电流,这样就很容易损坏电池和永磁体;电机峰值区域较小;负载电流超过一定值后,效率快速下降。直接驱动适用于平坦道路或轻载,如图 2-65 所示。

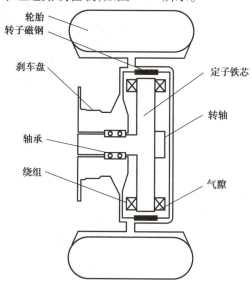

图 2-65　外转子式轮毂驱动电机

四、轮毂驱动电机的组成

轮毂驱动电机主要由电动机、减速机构、制动器和散热系统等组成。大致分为驱动轮毂部分和电机部分。与传统驱动电机一样有定子和转子附件。

驱动轮毂部分由一个静止的轮毂芯体和一组圆锥形螺母组成,每个螺母的隔离面被压在轮毂芯体外面。电机部分由一个金属端壳、若干个平行排列的电路线圈和一个内部空气隔离的电机轴承组成。当电机处于静态状态时,轮毂和电机处于分开状态;当电机带动轴向前旋转时,轮毂螺母和饼形圆锥形结构使轮毂芯体向前顶住电机,从而实现单向机械动作,如图 2-66 所示。

1. 定子铁芯

定子铁芯是电机磁路的一部分,并在其上放置定子绕组,如图 2-67 所示。

①半闭口型槽:电动机的效率和功率因数较高,但绕组嵌线和绝缘都比较困难。

②半开口型槽:可嵌放成型绕组,一般用于大、中型低压电机。

③开口型槽:用以嵌放成型绕组,绝缘方法方便,主要用于高压电机中。

图 2-66　轮毂驱动电机的组成

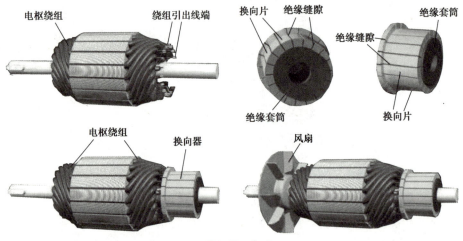

图 2-67　定子

2. 定子绕组

定子绕组是电机的电路部分,通入三相交流电,产生旋转磁场。由 3 个在空间上互隔 120°电角度、对称排列的结构完全相同的绕组连接而成。

①对地绝缘:定子绕组整体与定子铁芯之间的绝缘。

②相间绝缘:各相定子绕组之间的绝缘。

③匝间绝缘:每相定子绕组各线匝之间的绝缘。

3. 机座

机座通常用铸铁件。大型异步电动机机座一般用钢板焊成,微型电动机的机座采用铸铝件,固定定子铁芯与前后端盖以支撑转子,并起防护、散热等作用。

4. 转子铁芯

三相异步电动机的转子铁芯作为电机磁路的一部分以及在铁芯槽内放置转子绕

组,所用材料与定子一样,硅钢片外圆冲有均匀分布的孔用来安置转子绕组,通常用定子铁芯冲落后的硅钢片内圆来冲制转子铁芯,如图 2-68 所示。

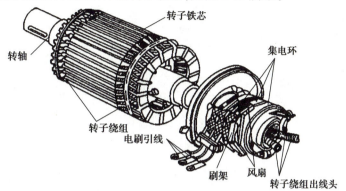

图 2-68　转子铁芯

5.转子绕组

三相异步电动机的转子绕组切割定子旋转磁场产生感应电动势及电流,并形成电磁转矩而使电动机旋转。转子绕组分为鼠笼式转子和绕线式转子,绕线式电动机结构较复杂,其应用不如鼠笼式电动机广泛。

①鼠笼式转子:转子绕组由插入转子槽中的多根导条和两个环行的端环组成。

②绕线式转子:绕线转子绕组与定子绕组相似,也是一个对称的三相绕组,一般接成星形,3 个出线头接到转轴的 3 个集流环上,再通过电刷与外电路连接。

五、轮毂驱动电机的工作原理

轮毂驱动电机的工作原理是电子换相器(开关电路)。

根据位置传感器信号,控制定子绕组通电顺序和时间,产生旋转磁场,驱动转子旋转。电动汽车轮毂电机总成及控制系统属于汽车零部件,是电动汽车零部件的关键核心部件,如图 2-69 所示。

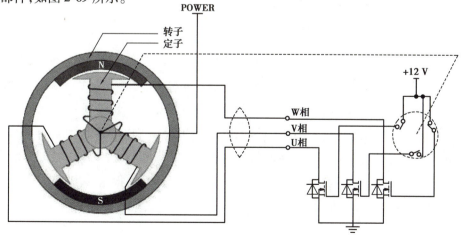

图 2-69　轮毂驱动电机的工作原理图

六、轮毂驱动电机的优缺点

1.轮毂驱动电机的优点

①结构简单:轮毂式驱动电机的结构非常简单,其原理就是使用轮毂和圆锥形螺母来代替电机实现机械动作,比使用传动带或链条等机构更加简单实用。

②尺寸小:轮毂式驱动电机只有较小的尺寸,体积比链式驱动电机小很多,安装空间小,可操作性佳,特别适合安装在一些小型机器中。

③球面轴承可靠性高:轮毂式驱动电机采用精密铸造的球面轴承,在安装及运行时有更高的可靠性,不易受污染及磨损,且球面轴承的要求不高,运行可靠性佳。

④价格低:轮毂式驱动电机的价格相比链式驱动电机低,加上它的尺寸小、安装成本低,因此有很高的性价比,适合于中低端市场。

⑤安装灵活:轮毂式驱动电机能够提供多种安装方式,可以采用弹性联轴器和定心联轴器等方式将电机安装在结构上,操作方便、安装灵活。

2.轮毂驱动电机的缺点

①功率较低:轮毂式驱动电机的功率范围较低,一般为 50 W ~ 30 kW,对于更大的传动功率,一般需要使用其他驱动方式。

②球面轴承需要维护:轮毂式驱动电机采用球面轴承,其工作受润滑油脂状态和温度以及润滑形式的影响较大,必须要定期检查润滑油脂和温度,以避免由于温度过高造成的损坏。

③散热难:尽管外接的轮毂可以帮助散热,但是由于转子内部转动,散热困难,如果不加以调节,可能会造成空载过热,因此,在运行时要注意运行温度是否合适,避免过热。

七、轮毂驱动电机的应用

轮毂驱动电机的应用范围主要是小型电动车辆,如电动汽车、电动自行车、电动滑板车等。相比传统的燃油车,电动车具有零排放、低噪声、高能效等优点,越来越受到消费者的青睐。而轮毂电机作为电动车的核心动力系统之一,也得到了广泛的应用和推广。在电动汽车领域,一些知名的车企已经开始采用轮毂电机技术,如特斯拉、BYD等。轮毂电机可以为电动汽车提供更高的能量转换效率和更快的加速性能。而在电动自行车和电动滑板车领域,轮毂电机也得到了广泛应用,使得这些小型电动车辆更加轻便、灵活、易于操控,如图 2-70 所示。

图 2-70　电动汽车

【拓展阅读】

普通汽车轮毂

　　普通汽车轮毂是轮胎内廓支撑轮胎的圆桶形的、中心装在轴上的金属部件,又称为轮圈、钢圈、轱辘、胎铃。轮毂根据直径、宽度、成型方式、材料不同可以分为很多种类,如图 2-71 所示。

　　轮毂驱动电机是在普通汽车轮毂上增加了一个驱动电机,如图 2-72 所示。

图 2-71　普通汽车轮毂

图 2-72　驱动电机轮毂

【任务评价】

序号	考核项目	考核内容	赋分/分	评分标准	得分/分
1	轮毂驱动电机的定义	轮毂驱动电机的初步认识	20	能用自己的语言说明轮毂驱动电机的含义	

续表

序号	考核项目	考核内容	赋分/分	评分标准	得分/分
2	轮毂驱动电机的位置关系	轮毂驱动电机在车上的位置	15	根据实车能正确指出轮毂驱动电机的所在位置	
3	轮毂驱动电机的分类	轮毂驱动电机根据励磁绕组和有无电刷分类	15	能用自己的语言阐述轮毂驱动电机的分类	
4	轮毂驱动电机的组成	轮毂驱动电机包含转子和定子两个部分	20	能正确认识转子和定子的作用和零件	
5	轮毂驱动电机的工作原理	直流电机有直流发电机和直流电动机之分	20	能用自己的语言阐述轮毂驱动电机的工作原理	
6	轮毂驱动电机的优缺点	轮毂驱动电机相较于其他电机的差别	10	能用自己的语言阐述轮毂驱动电机的优缺点	

任务五　开关磁阻驱动电机

【任务描述】

开关磁阻驱动电机是将电能转换成机械能为车辆行驶提供驱动力的电气装置,该装置也具备机械能转化成电能的功能。通过本任务的学习,读者可以知道开关磁阻驱动电机的组成,开关磁阻驱动电机的基本工作原理,开关磁阻驱动电机与电磁开关存在一定的联系。

【任务实施】

一、开关磁阻驱动电机的定义

开关磁阻驱动电机又称为开关磁电阻电动机,是一种新型的一体化调速电动机,开关磁阻电动机为双凸极结构,转子只有硅钢片叠片,定子上有集中绕组,而铁芯上没有恒磁体和绕组。开关磁阻电机是一种机电能量转换装置,它将电能转换为机械能。与根据洛伦兹力定律进行能量转换的直流电机相比,在开关磁阻电机中,根据可变磁阻原理进行能量转换。磁阻被定义为流向磁场的阻力。其电气当量是阻止电流流动的电阻。在磁场中,我们将磁场的流动定义为通量,但在电场中电荷的流动被定义为电流。由于磁场的特性,磁极在磁阻电机的定子和转子上形成。这些磁极之间的相互作用导致电机旋转。为了改变磁极,使用了电力电子设备的开关电路。因此,使用了术语切换,如图 2-73 所示。

图 2-73   开关磁阻驱动电机

二、开关磁阻驱动电机的位置关系

开关磁阻驱动电机安装在传统汽车发动机舱内,如图 2-74 所示。

图 2-74   开关磁阻驱动电机的位置

三、开关磁阻驱动电机的分类

开关磁阻驱动电机根据结构和种类不同,可分为单相开关磁阻驱动电机、两相开关磁阻驱动电机、三相开关磁阻驱动电机、四相开关磁阻驱动电机及五相或以上开关磁阻驱动电机。其中,三相电动机是常见的开关磁阻电动机结构,也是得到广泛研究和应用的开关磁阻电动机。我们所采用的结构就是三相 12/8 极 SR 电动机,如图2-75 所示。

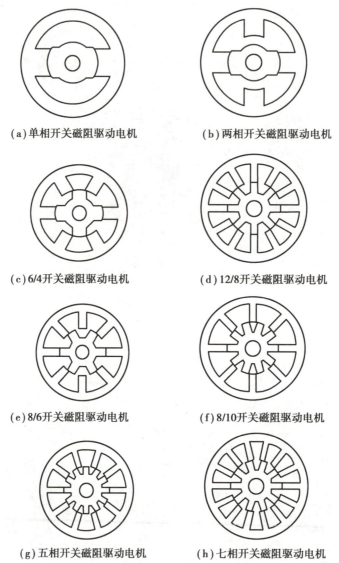

(a)单相开关磁阻驱动电机   (b)两相开关磁阻驱动电机

(c)6/4开关磁阻驱动电机   (d)12/8开关磁阻驱动电机

(e)8/6开关磁阻驱动电机   (f)8/10开关磁阻驱动电机

(g)五相开关磁阻驱动电机   (h)七相开关磁阻驱动电机

图 2-75 不同开关磁阻驱动电机

四、开关磁阻驱动电机的组成

开关磁阻驱动电机由双凸极的定子和转子组成,其定子、转子的凸极均由普通硅钢片叠压而成。定子极上绕有集中绕组,把沿径向相对的两个绕组串联成一个两级磁极,称为"一相";转子既无绕组又无永磁体,仅由硅钢片叠成,如图2-76 所示。

图 2-76 开关磁阻驱动电机的组成

五、开关磁阻驱动电机的工作原理

开关磁阻驱动电机的运行原理遵循"磁阻最小原理",当定子 D—D' 极励磁时,所产生的磁力使转子旋转到转子极轴线 1—1′ 与定子极轴线 D—D' 重合的位置,并使 D 相励磁绕组的电感最大。

若以图中定子、转子所处的相对位置作为起始位置,则依次给 D—A—B—C 相绕组通电,转子即会逆着励磁顺序以逆时针方向连续旋转。

若依次给 B—A—D—C 相通电,则电动机会沿着顺时针方向转动,如图 2-77 所示。

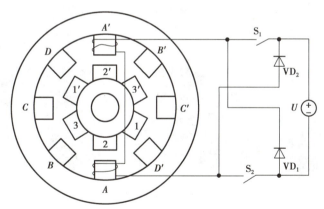

图 2-77 开关磁阻驱动电机的工作原理图

六、开关磁阻驱动电机的优缺点

1. 开关磁阻驱动电机的优点

①高效节能:开关磁阻电动机采用无铁芯转子结构,转子上的开关磁阻替代了铁芯,从而减少了转子的铁损和铜损,提高了电机的效率,节约了能源。

②可靠性高:由于开关磁阻电动机结构简单、转子无铁芯,因此不存在铁芯饱和旋

转失速等问题,具有高可靠性。

③调速性能好:开关磁阻电动机采用多相交流电源供电,通过控制开关磁阻的状态,可以实现电机的调速,同时也能够提高电机的转矩性能。

④噪声低:由于开关磁阻电动机的转子结构简单,无铁芯,因此在工作时噪声相对较低。

2. 开关磁阻驱动电机的缺点

①复杂的电路控制:开关磁阻电动机需要采用复杂的电路控制系统来控制开关磁阻的状态,实现电机的正常运转。

②费用较高:由于开关磁阻电动机需要采用复杂的电路控制系统,因此制造成本相对较高。

③稳定性差:开关磁阻电动机在工作过程中容易受到干扰,因此其稳定性相对较差。

七、开关磁阻驱动电机的应用

1. 电动车中的应用

开关磁阻电机最初的应用领域就是电动车,这也是开关磁阻电机最主要的应用领域。目前电动摩托车和电动自行车的驱动电机主要有永磁无刷及永磁有刷两种,然而开关磁阻电机驱动系统的电机结构紧凑牢固,适合于高速运行,并且驱动电路简单、成本低、性能可靠,在宽广的转速范围内效率都较高,而且可以方便地实现四象限控制,这些特点使 SRD 开关磁阻电机驱动系统非常适合电动车辆在各种工况下运行,相比目前主要使用的两种电机具有其独特的优势,是电动车辆中极具潜力的机种,如图 2-78 所示。

图 2-78　电动车

2. 纺织工业中的应用

近年来,我国纺织机械行业的机电一体化水平有了明显的提高,在新型纺织机械上普遍采用了机电一体化技术。棉纺织设备较有代表性的机电一体化产品无梭织机(图 2-79)的主传动技术也有了新的突破:采用开关磁阻电机作为无梭织机的主传动,相比于使用其他电机系统,开关磁阻电机系统带来许多好处,减少传动齿轮、不用皮带和皮带盘,不用电磁离合器和刹车盘,不用寻纬电机,可节能 10% 等优点,国内已有开关磁阻电机和驱动器的产品。

图 2-79　无梭织机

3. 焦炭工业中的应用

相比于其他电机,开关磁阻电机起动力矩大、起动电流小,可以频繁重载起动,不需要其他的电源变压器,节能,维护简单,特别适用于矿井输送机、电牵引采煤机及中小型绞车等。20 世纪 90 年代英国已研制成功 300 kW 的开关磁阻电机,用于刮板输送机,效果很好。我国已研制成功 110 kW 的开关磁阻电机用于矸石山绞车(图2-80)、132 kW 的开关磁阻电机用于带式输送机拖动,良好的起动和调速性能受到工人们的青睐。我国还将开关磁阻电机用于电牵引采煤机牵引,运行试验表明新型采煤机性能良好。此外,还成功地将开关磁阻电机用于电机车,提高了电机车运行的可靠性和效率。

图 2-80　矸石山绞车

4. 家电行业中的应用

一些家用电器,如洗衣机经过不断地发展,结构由简单的有级调速电机发展为无级调速电机。开关磁阻电机由于低成本、高性能、智能化已开始应用于洗衣机,在高档洗衣机中已小批量采用,相比其他电机有着明显的优势,未来应用前景广阔,如图2-81所示。

图2-81　洗衣机

【拓展阅读】

驱动电机型号规则

驱动电机型号规则,如图2-82所示。

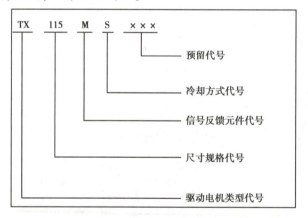

图2-82　驱动电机型号规则

1. 驱动电机类型代号

驱动电机类型代号使用两个字母来代表驱动电机的类型。其代号含义如下:

①KC:开关磁阻电机。

②TF:方波控制型永磁同步电机。

③TX:正弦控制型永磁同步电机。

④YR:异步电机(绕线式)。

⑤YS:异步电机(鼠笼式)。

⑥ZL：直流电机。

2.尺寸规格代号

尺寸规格代号一般采用定子铁芯的外径来表示，对于外转子电机，采用外转子铁芯外径来表示。

3.信息反馈元件代号

信息反馈元件即转子位置传感器，其代号含义如下：

①M：光电编码器。

②X：旋转变压器。

③H：霍尔元件。

无传感器不必标注。

4.冷却方式代号

根据不同的冷却方式进行标注，其代号含义如下：

①S：水冷方式。

②Y：油冷方式。

③F：强迫风冷方式。

非强迫冷却方式（自然冷却）不必标注。

5.预留代号

三位预留代号用英文大写字母或阿拉伯数字组合，其含义由制造商自行确定。

【任务评价】

序号	考核项目	考核内容	赋分/分	评分标准	得分/分
1	开关磁阻驱动电机的定义	开关磁阻驱动电机的初步认识	20	能用自己的语言说明开关磁阻驱动电机的含义	
2	开关磁阻驱动电机的位置关系	开关磁阻驱动电机车上的位置	15	根据实车能正确指出开关磁阻驱动电机的所在位置	
3	开关磁阻驱动电机的分类	开关磁阻驱动电机根据励磁绕组和有无电刷分类	15	能用自己的语言阐述开关磁阻驱动电机的分类	
4	开关磁阻驱动电机的组成	开关磁阻驱动电机包含转子和定子两大部分	20	能正确认识转子和定子的作用和零件	
5	开关磁阻驱动电机的工作原理	开关磁阻驱动电机包括直流发电机和直流电动机两部分	20	能用自己的语言阐述开关磁阻驱动电机的工作原理	

续表

序号	考核项目	考核内容	赋分/分	评分标准	得分/分
6	开关磁阻驱动电机的优缺点	开关磁阻驱动电机相较于其他电机的差别	10	能用自己的语言阐述开关磁阻驱动电机的优缺点	

【项目检测】

一、填空题

1. 电机是指依据_____原理实现电能转换的一种电磁装置,它的主要作用是产生驱动转矩,作为各种机械的动力源。

2. 用来形成 N 极和 S 极的绕组称为励磁绕组,励磁绕组中的电流称为_____。

3. _____又称为异步电机,即转子置于旋转磁场中,在旋转磁场的作用下,获得一个转动力矩使转子转动。

4. 新能源汽车的驱动电机系统主要由_____和_____组成,驱动电机系统通过高低压线束、冷却管路与整车其他系统进行连接。

5. 新能源汽车在_____阶段,通过车轮的旋转带动电机转动。

二、选择题

1. 根据工作电源的不同,电机可分为(   )。

A. 直流电机　　　　B. 交流电机　　　　C. 大电流电机　　　　D. 小电流电机

2. 电动汽车对驱动电机的主要技术要求有(   )等。

A. 安全性高　　　　　　　　　　B. 转矩和调速范围大

C. 效率高　　　　　　　　　　　D. 成本低

3. 在电机的 N 极和 S 极之间有一个能绕轴旋转的圆柱形铁芯,上面缠绕的线圈称为(   )。

A. 铁芯绕组　　　　B. 顺时针绕组　　　　C. 逆时针绕组　　　　D. 电枢绕组

4. 永磁同步电机首先给定子绕组通入三相交流电,在通入电流后就会在电机的定子绕组中形成(   )。

A. 转矩　　　　　　B. 旋转磁场　　　　C. 电动势　　　　　D. 推力

5. 交流感应电机首先通过(   )产生旋转磁场,转子绕组切割磁感线产生感应电动势,从而使转子绕组中产生感应电流。

A. 线圈　　　　　　B. 定子　　　　　　C. 转子　　　　　　D. 电流

6. 电机基速是指电机的(   ),当电机励磁绕组中通入额定的励磁电压或励磁电流时,且此时电机带的负载为额定值,这时的电机转速即基速。

A. 调速范围　　　　B. 额定转速　　　　C. 最高转速　　　　D. 固定速度

三、判断题

1. 驱动电机系统是电动汽车的三大核心部件之一,是车辆行驶的执行机构,其特性决定了车辆的主要性能指标,直接影响车辆的动力性、经济性和用户驾乘感受。
（　　）

2. 电机根据结构和工作原理不同,可分为直流电机、异步电机和同步电机。
（　　）

3. 永磁同步电机采用永磁体来产生气隙磁通量,永磁体代替直流电机中的磁场线圈和感应电机中定子的励磁体。（　　）

4. 电机根据转矩产生的原理不同,可分为由电磁作用原理产生转矩和由磁阻变化原理产生转矩两大类。（　　）

5. 电机的散热方式主要有自然冷却和液体冷却两种,新能源汽车普遍采用液体冷却方式,俗称水冷。（　　）

四、简答题

1. 简述驱动电机的定义。
2. 简述直流驱动电机的分类。

项目三│驱动电机控制系统

【项目导入】

纯电动汽车的动力输出主要是驱动电机。当电能转换成机械能时,电机表现出电动机的工作特性;当机械能转换成电能时,电机表现出发电机的工作特性。大部分电动汽车在刹车制动的状态下,机械能将被转化成电能,通过发电机来给电池回馈充电。在项目二中,主要对直流电机、交流电机、永磁交流电机、轮毂电机的结构、原理进行学习。在此基础上,本项目侧重"驱动控制",将从认识驱动电机控制系统、认识驱动电机控制器、驱动电机动力回收的过程、旋变与温度传感器的工作原理等方面进行深度学习。

【学习目标】

知识目标:

- 能阐述驱动电机控制系统的结构组成;
- 能厘清驱动电机控制系统的控制逻辑;
- 能阐述驱动电机控制系统的工作模式;
- 能总结驱动电机控制器的作用;
- 能阐述 DC 与 AC 电路转换的原理与应用;
- 能阐述驱动电机动力回收的定义及过程模式;
- 能总结旋变传感器与温度传感器的作用及原理。

能力目标:

- 能正确检查驱动电机控制器的性能、工作状态;
- 能正确拆装驱动电机控制器;
- 能正确调节车辆能量回收的强度;
- 能正确拆装旋变传感器与温度传感器;
- 能正确清洁、整理工具,对工位进行 6S 操作。

素质目标:

- 增强投身新能源汽车产业的信心;
- 培养安全意识、规范意识、团队意识、工匠精神及创新思维;
- 提升对技术问题的分析、解决及优化能力。

【思维导图】

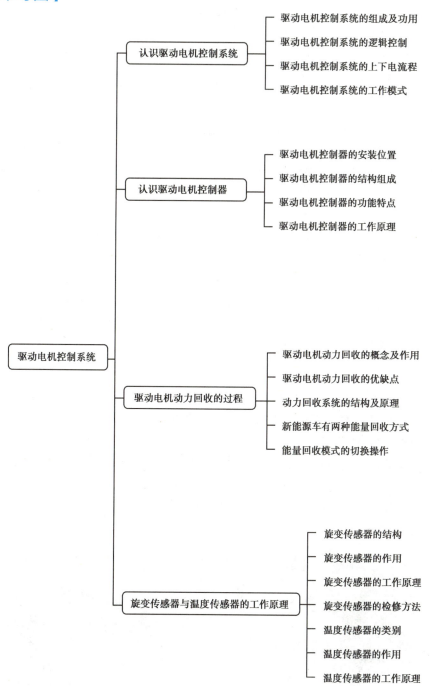

驱动电机控制系统

认识驱动电机控制系统
- 驱动电机控制系统的组成及功用
- 驱动电机控制系统的逻辑控制
- 驱动电机控制系统的上下电流程
- 驱动电机控制系统的工作模式

认识驱动电机控制器
- 驱动电机控制器的安装位置
- 驱动电机控制器的结构组成
- 驱动电机控制器的功能特点
- 驱动电机控制器的工作原理

驱动电机动力回收的过程
- 驱动电机动力回收的概念及作用
- 驱动电机动力回收的优缺点
- 动力回收系统的结构及原理
- 新能源车有两种能量回收方式
- 能量回收模式的切换操作

旋变传感器与温度传感器的工作原理
- 旋变传感器的结构
- 旋变传感器的作用
- 旋变传感器的工作原理
- 旋变传感器的检修方法
- 温度传感器的类别
- 温度传感器的作用
- 温度传感器的工作原理

任务一　认识驱动电机控制系统

【任务描述】

　　新能源汽车的控制离不开驱动电机控制系统。通过本任务的学习,读者可以准确描述驱动电机控制系统的组成及功用,能从宏观层面感知驱动电机控制系统在整车上的分布位置及逻辑控制,能简要概括日常使用时,驱动电机控制系统的工作模式是怎样的。

【任务实施】

一、驱动电机控制系统的组成及功用

　　驱动电机控制系统的最终目的是根据驾驶员的行驶意图,实时调整驱动电机的输出,实现整车的前进、倒车、停车及制动能量回收。为达成这些目的,与之相关的驱动电机、驱动电机控制器、高压配电盒、高低压线束及传感器构成了一个体系,即驱动电机控制系统。

1.驱动电机

　　驱动电机是新能源汽车的动力源,一般安装在汽车引擎舱最下端。能根据驱动电机控制器的指令,改变运行状态或将自身运行状态信息传输,实现电能与机械能的有效转换。在新能源汽车的起步阶段,广泛采用的是直流电机,如图3-1所示,但其复杂的结构与电刷磨损问题,维护和修理成本较高。随着科技水平的不断提升,驱动电机的种类日益丰富,使用范围层面更广。目前,80%的新能源汽车采用的是永磁同步电机,如图3-2所示。

图3-1　直流电机

图3-2　永磁同步电机

2.驱动电机控制器

驱动电机控制器又称为电机控制模块,简称 MCU。驱动电机控制器具有 CAN 通信功能、过电流保护、过载保护、欠电压保护、过电压保护、缺相保护、能量回馈、限功率、高压互锁、故障上报等功能。

如图 3-3 所示,大多数驱动电机控制器呈盒状,内部元器件层层紧密装配。IGBT模块是驱动电机控制器最核心的部件,如图 3-4 所示,它能实现直流电转变为交流电的逆变等过程(DC→AC),也可将交流电整流为直流电(AC→DC),实现电力形式的可持续转换。

图 3-3 驱动电机控制器

图 3-4 IGBT 模块

3.高压配电盒

高压配电盒可以认为是一个电源中转分配的"枢纽",简称 PDU,如图 3-5 所示。高压系统中压缩机、驱动电机控制器、PTC 加热器等各个组件都需要进行电源分配。

图 3-5 高压配电盒

目前,汽车市场中常见的高压配电盒有集成式和分布式两种。分布式以高压配电盒为中心,可独立为各用电器供电,北汽 EV160(图 3-6)、吉利帝豪 EV300 均采用分布式高压配电盒。集成式是将高压配电盒与其他组件构成一体,能最大限度地减小在整车的安装空间。早在 2021 年,比亚迪就已经研制出"八合一",将驱动电机、减速器、MCU(驱动电机控制器)、PDU(高压配电盒)、DC/DC 转换器、OBC(车载充电器)、

VCU(整车控制器)以及 BMS(电池管理系统)集成于一体,如图3-7所示。

图3-6　北汽 EV160 引擎舱

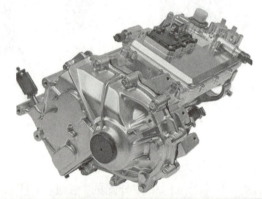

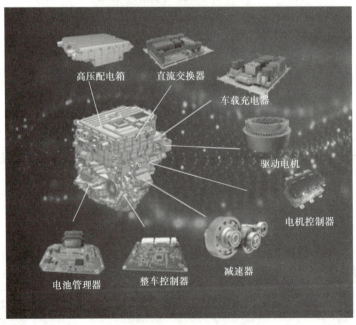

图3-7　比亚迪"八合一"集成控制器

4.高低压线束

高低压线束相当于整车上的"神经组织",如图3-8所示,它能传递电能和信号。

传统的燃油汽车大多采用低压线束,新能源汽车以高压配电盒为中心,连接的高压线束可分为动力电池线束、快充线束、慢充线束、驱动电机控制器线束、高压辅件线束共5段。高压线束一般为橙色(图3-9、图3-10),线束接头设置了高压互锁、电流屏蔽功能。高电压、大电流是新能源汽车的特点之一,因此高压互锁成为新能源汽车上必备的装置,简言之,主要依靠12 V的小电流回路去确认高压系统的完整性,判断是否短路或断路。

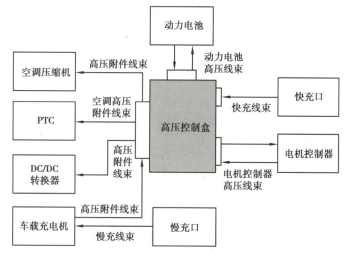

图3-8　新能源汽车高压线束分布图

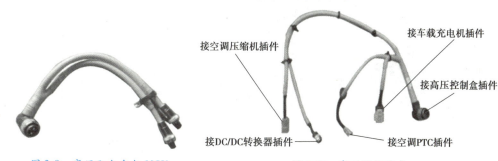

图3-9　高压配电盒与MCU
之间的高压线束

图3-10　高压辅件线束

5.传感器

传感器(VCU)在驱动电机控制系统中,主要采集和检测被测信号的信息,并将这些信息转换成电信号或其他形式的信号反馈给整车控制器。

从功用上讲,驱动电机控制系统采用加速踏板位置传感器、制动踏板位置传感器、档位执行器来实现整车按照驾驶员意图进行前进、倒车、停车的目的。当然,为了实现这些功能,还需要对驱动电机的位置、温度、电流、电压进行监测,因此系统中还采用了霍尔式位置传感器、旋变传感器(图3-11)、温度传感器(图3-12)、霍尔式电流传感器(图3-13)、电压传感器来保障驱动电机的正常运行。

图 3-11　旋变传感器　　　图 3-12　温度传感器　　　图 3-13　霍尔式电流传感器

二、驱动电机控制系统的逻辑控制

　　新能源汽车上的整车控制器、电池管理系统、驱动电机控制器、高压配电盒属于四大关键系统。以下为驱动电机控制系统在整车上的位置关系（图 3-14）与逻辑控制图（图 3-15）。

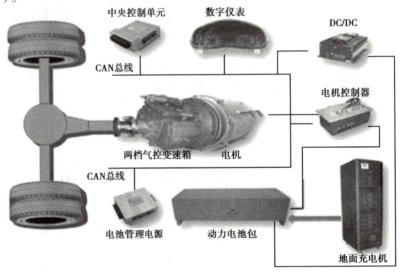

图 3-14　驱动电机控制系统在整车的位置

　　如图 3-15 所示，CAN 总线将整车控制器（Vehicle Control Unit，VCU）、电池管理系统（Battery Management System，BMS）、电机控制器（Motor Control Unit，MCU）三者联系起来，以进行信息交互。

　　BMS 将实时监测的电池组参数传递给 VCU，VCU 则向 BMS 发送充电、放电、开关等指令；MCU 将驱动电机电压、转速、电阻等参数传输给 VCU，VCU 根据整个高压回路的实际情况，通过 CAN 总线收集到的信息，向 MCU 发出驱动电机使能信息、驱动电机模式信息（再生制动、正向驱动、反向驱动）及相应模式下的驱动电机转矩。同时，VCU 与高压配电盒、DC/DC 转换器有直接监测与控制信号，以便更安全有效地实现高压安全管理工作。高压配电盒对电池加热器、驱动电机、DC/DC 转换器及冷热一体空调等高压器件进行合理放电，从而实现高压系统的运行。

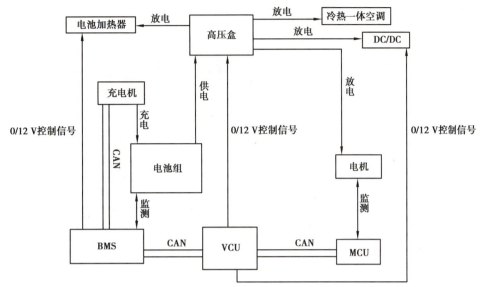

图 3-15　驱动电机控制系统的逻辑控制图

三、驱动电机控制系统的上下电流程

　　电池组是一个独立的个体,在不需要时保持高压断电状态,也要求在使用时能瞬间提高电压。但是,瞬间的高压能达到 380 V 以上,而整车用电器仅需要 12 V 或 24 V 电压,为了防止用电器不被损坏或电路瞬间短路,预充电路保证了高压上电时的安全。如图 3-16 所示为驱动电机控制系统的运行逻辑控制图,表 3-1 对图中各元器件进行了相应解释。

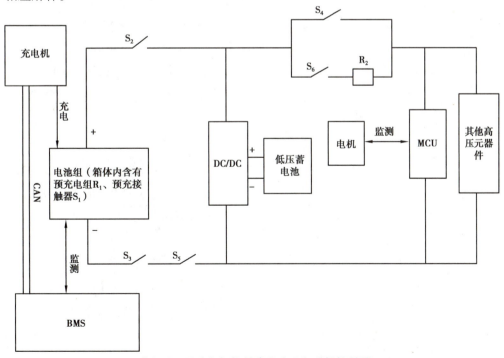

图 3-16　驱动电机控制系统的运行逻辑控制图

表 3-1　驱动电机控制系统的运行元器件释义表

代号	释义
R_1	电池组预充电阻
R_2	预充电阻
S_1	电池组预充接触器
S_2	电池组主正接触器
S_3	电池组主负接触器
S_4	主正接触器
S_5	主负接触器
S_6	预充接触器

1. 上电控制策略

高压上电相当于传统燃油汽车的点火动作,如图 3-16 所示。当插入钥匙,从 OFF 挡切换到 ON 挡时,VCU 接收到有效起动信号,通过继电器给 BMS 供电,BMS 了解电池组内的温度、电压,进行高压互锁和绝缘自检后,向 VCU 发送高压回路正常且无故障等相关信号。此时,VCU 则向 BMS 发出"上电"指令。

BMS 闭合 S_3 与 S_1,给电池组进行预充电以有效减少瞬时高压对电池的危害,当电池电压达到一定数值后,闭合 S_2,断开 S_1,BMS 向 VCU 发送"上电完成"指令。随后 VCU 闭合 S_6,为 MCU 等高压器件进行预充电,当电压达到规定值后,MCU 向 VCU 发送预充电成功信号,闭合 S_5 与 S_4,断开 S_6,则上电过程完成,汽车有效起动。因此,上电控制策略着重诊断检测与预充电。

2. 下电控制策略

如图 3-16 所示,当 ON 挡切换到 OFF 挡时,VCU 则控制驱动电机转矩为 0,驱动电机通过减速器驱动车轮进行减速操作,此时 VCU 依次断开 S_4 与 S_5 后,向 BMS 发出"下电"指令,BMS 则依次断开 S_2 与 S_3,VCU 接收到 BMS 操作反馈后,断开 BMS 的供电接触器,意味着下电完成。

一般要求蓄电池放电过程的温度不超过 50 ℃,否则易造成内燃。因此,汽车运行结束后,在正式切断高压电源输出前,需要通过温度传感器对蓄电池温度进行诊断。若温度在指定范围内,则高压安全管理体系直接进行断电操作;若温度较高,则需要驱动电机控制器驱动风扇进行散热,直至温度降到允许范围内,方可进行断电处理。因此,下电控制策略注重对蓄电池温度的诊断。

吉利帝豪 EV 500,通过拔下引擎舱内蓄电池的负极即可下电,如图 3-17 所示。长安逸动 EV Plus 下电开关相对隐蔽,操作者需在车内打开挡位扶手,按动维修开关的阀门,即可将维修开关取出,完成下电,如图 3-18 所示。

图 3-17　吉利帝豪 EV 500 引擎舱下电

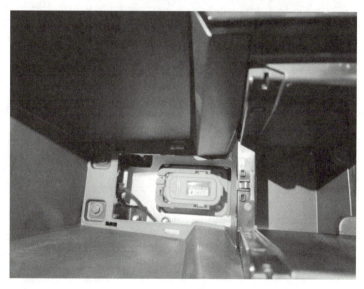

图 3-18　长安逸动 EV Plus 挡位扶手下的维修开关

四、驱动电机控制系统的工作模式

行车过程中,根据驾驶员的意图,驱动电机控制系统可分为 D 挡加速行驶、R 挡倒车、减速制动 3 种驱动模式,如图 3-19、图 3-20 所示。

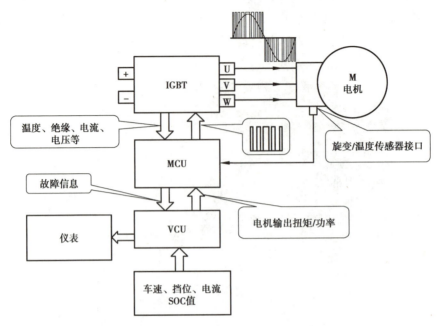

图 3-19　驱动电机控制系统驱动模式逻辑控制图

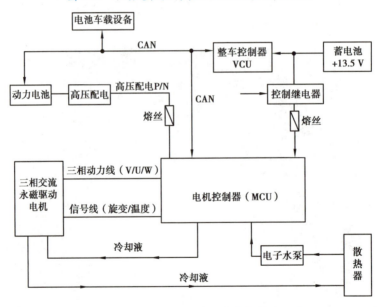

图 3-20　驱动电机控制系统整车控制原理图

1. D 挡加速行驶

驾驶员挂入 D 挡,VCU 将接收挡位信息与加速信息,并通过 CAN 总线将信号传递至 MCU。在 MCU 中,IGBT 模块将高压直流电转换成三相交流电,结合驱动电机上的旋变传感器采集到的转子信息,同时提升内部 IGBT 模块导通的频率,使得驱动电机的转矩随电流的增大而增大,随着驱动电机的转速增大达到加速的目的。

2. R 挡倒车

同理,驾驶员挂入 R 挡,VCU 将接收挡位信息与倒车信息,并通过 CAN 总线将信号传递至 MCU。所不同的是,MCU 在结合驱动电机上旋变传感器采集的转子信息的同时,还需通过 IGBT 模块改变 U、V、W 三相的通电顺序,以此控制驱动电机改变旋转方向。

3. 减速制动

驾驶员松开加速踏板或踩下制动踏板时,驱动电机由于惯性作用,无法立即停止转动。此时,车轮速度小于驱动电机转速,驱动电机成为"发电机"。BMS 采集电池温度、容量等信息,计算出相应的允许最大充电电流,通过 VCU,在不超过允许最大充电电流的前提下,MCU 通过改变 IGBT 模块的导通频率而改变电流,促使"发电机"反向为蓄电池充电,同时也控制了整车的减速度。

【拓展阅读】

CAN 总线

CAN 总线(图 3-21),全称为"Controller Area Network",即控制器局域网,是德国 Bosch(博世)公司研发的一种串行通信协议总线。

1983 年初,Uwe Kiencke 开始研究一种新的串行总线,新总线的主要方向是增加新功能,减少电气连接线,使其能够用于产品,而非用于驱动技术。1986 年 2 月,CAN 诞生了。在底特律的汽车工程协会大会上,由 Bosch(博世)公司研究的新总线系统被称为"汽车串行控制器局域网"。尽管当初研究 CAN 的起点是应用于客车系统,但 CAN 的第一个市场应用却来自其他领域。在荷兰,电梯厂商 Kone 使用 CAN 总线;瑞士工程办公室 Kvaser 已建议将 CAN 应用至一些纺织机械厂。

图 3-21　CAN 单线实物图

如今,CAN 总线主要应用在汽车领域与工业自动化领域。汽车层面(图 3-22—图 3-24),大到传统汽油车、柴油车、电动汽车,小到汽车零部件、仪表板、多媒体等之间的通信均采用 CAN 总线进行信息交流。机器人关节、高端电机、数控车床的精密控制也离不开 CAN 总线。

Bosch(博世)公司研发出的 CAN 总线与 Intel(英特尔)公司研发出的中央控制单元(Electronic Control Unit,ECU),极大程度上促使汽车从"电动化"向"电气化"发展,能有效减少元器件间线束多、杂、乱的困扰,提高信息间的交流效率。未来,汽车会愈加轻量化、自动化和智能化。

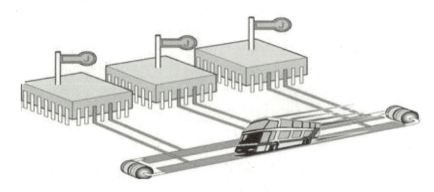

图 3-22　CAN 总线在整车的布局

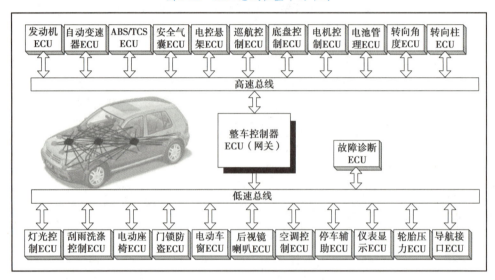

图 3-23　燃油汽车 CAN 总线分布一览图

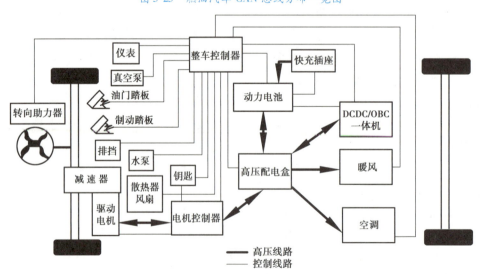

图 3-24　新能源汽车 CAN 总线分布一览图

【任务评价】

序号	考核项目	考核内容	赋分/分	评分标准	得分/分
1	驱动电机控制系统的组成及功用	驱动电机控制系统的功用及5个主要部件	15	能正确描述驱动电机控制系统的5个主要部件及装置作用	
			15	能用自己的语言阐述驱动电机控制系统的功用	
2	驱动电机控制系统的逻辑控制	驱动电机控制系统在整车的位置及逻辑控制	10	能厘清驱动电机控制系统与其他系统的逻辑控制关系	
3	驱动电机控制系统的上下电流程	驱动电机控制系统的两个基础工作流程	15	能正确阐述驱动电机控制系统上电的意义及过程	
			15	能正确阐述驱动电机控制系统下电的意义及过程	
4	驱动电机控制系统的工作模式	驱动电机控制系统的3种常用工作模式	10	能正确理解D挡加速行驶时驱动电机控制系统的工作过程	
			10	能正确理解R挡倒车时驱动电机控制系统的工作过程	
			10	能正确理解减速制动时驱动电机控制系统的工作过程	

任务二 认识驱动电机控制器

【任务描述】

驱动电机控制器属于新能源汽车的核心零部件,其特性决定了新能源汽车的主要性能指标,直接影响车辆的动力性和经济性。通过本任务的学习,读者可以知道驱动电机控制器的安装位置、结构组成、功能特点及工作原理。

【任务实施】

一、驱动电机控制器的安装位置

新能源汽车驱动电机控制器,简称 MCU,采用 CAN 总线通信,控制动力电池与驱动电机之间的能量传输,同时采集电机位置信号和三相电流检测信号,精确控制驱动电机运行。一般安装在汽车前舱内,并有高、低压线束接口、驱动电机三相线接口、冷却管路接口和低压充电(DC/DC)接口。其安装位置如图 3-25 所示。

整车控制器　　　　　　　　制动液储液罐
储液罐　　　　　　　　　　低压蓄电池
电机控制器　　　　　　　　DC/DC变换器
高压控制盒　　　　　　　　车载充电机

图 3-25　北汽 EV160 引擎舱

二、驱动电机控制器的结构组成

驱动电机控制器主要由壳体、中央控制模块(主控板)、驱动控制模块(驱动板)、功率模块(IGBT)、母线电容及各种传感器组成。

1. 壳体

驱动电机控制器外观呈盒状,由铝合金制成。壳体分为上、下两部分,壳体周围均由螺栓进行紧固连接,如图 3-26 所示。壳体上铆接了相关铭牌(图 3-27),并标记高低压接头符号,如直流母线+、直流母线−、UVW 三相线等。

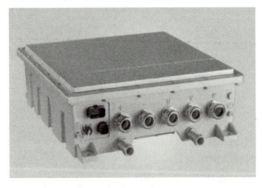

图 3-26　驱动电机控制器壳体

图 3-27　驱动电机控制器铭牌

驱动电机控制器上的 U、V、W 为三相高压动力线,连接电机。内部逆变等过程产生的正弦波交流电通过它传输到电机上,驱动电机转动。当制动能量回收时,电机线圈产生的三相交流电通过它传输到功率模块上,通过整流形成的直流电可为电池充电。

直流母线"+"与直流母线"−"是两个高压接头,是驱动电机控制器连接整车动力电池包的接头,通过它可以实现有效的充放电功能。此外,驱动电机控制器壳体上还设置了冷却液的入水口和出水口。

2.中央控制模块(主控板)

中央控制模块(主控板)外接 VCU,如图 3-28 所示。从 VCU 传来的信号(起动、转速、转矩等)传递到主控板上,主控板上的主芯片会产生一种可调节脉冲宽度的 PWM 信号,该信号传递到驱动板上,进而获取驾驶员的意图或所需指令。随后将这些信息传递到功率模块(IGBT)上,进行上述的逆变或整流等工作,从而达到驱动电机转速、转矩变化的需求。

图 3-28　中央控制模块(主控板)

3.驱动控制模块(驱动板)

驱动控制模块(驱动板)具有监测、保护、传递指令的功能,如图 3-29 所示。在中央控制模块(主控板)将获取的指令信息传递到功率模块(IGBT)前,驱动控制模块(驱动板)将指令信息进行转换,转换成对功率模块(IGBT)中可控硅的通断指令。

图 3-29　驱动控制模块(驱动板)

4. 功率模块(IGBT)

功率模块(IGBT)是高压直流电转变成三相交流电的场所,等同于一种电子开关,可对电机的电流、电压进行控制。

IGBT 全称为绝缘栅双极晶体管,如图 3-30 所示,实际是一种热损耗少、体积小、寿命长的半导体元件。目前,电动汽车在市场上使用的 IGBT 不是单管,而是模块,即将多个 IGBT 以绝缘的方式组装到金属板上,利用空心塑料壳封装,如图 3-31 所示。

图 3-30　IGBT

图 3-31　功率模块

5. 母线电容

母线电容一般位于驱动电机控制器内部、主控板或 IGBT 单元整体旁,如图 3-32 所示。它具有储能、滤波两大作用,在电路中用"="表示。母线电容与 IGBT 串联,上电过程中,电池为母线电容充电,二者同时为电路供电,当 IGBT 集电极 C 和发射极 E 与电路接通时,极大的电流使电机起动、运行,可输出较大功率。下电后,IGBT 针极端断开,动力电池再次为母线电容充电,供下次起动时使用。在制动能量回收时,三相交流电转变为直流电,整流过程中电压有明显波动,母线电容能消除这种波动,使得流向电池的电压更加稳定。

图 3-32　母线电容

6.传感器

不同品牌或车系使用的传感器是不同的,而是根据各种使用要求进行增减。主要包括电流传感器(图3-33)、电压传感器(图3-34)、温度传感器(图3-35)等,对电机、电机控制系统等相关元器件的实际电流、电压、温度进行检测,保障各模块的有效运作。

图 3-33　电流传感器　　　　图 3-34　电压传感器　　　　图 3-35　温度传感器

三、驱动电机控制器的功能特点

驱动电机控制器是一套闭环控制系统。从 VCU 处获取整车的需求后,驱动电机控制器调节各项参数并进行检查,如不符合,则将参数信息反馈到 VCU 上,VCU 再次对驱动电机控制器发出调整指令,反复闭环,直至符合,从而实现高精确度的控制。

驱动电机控制器的功能如下:
①将直流电转换成交流电,为电机供电。
②改变三相交流电的频率和电压,进而控制电机的转速、输出扭矩及行驶方向。
③车辆制动实施能量回收时,给电池充电。
④驻坡(防溜车)。

四、驱动电机控制器的工作原理

驱动电机控制器主要是将动力电池提供的直流电转换成交流电,然后输出给电机,供配套的电机使用。驱动电机控制器再根据不同工况控制电机的正反转、功率、扭矩、转速等,实现车辆的前进、倒退、加速、减速。此外,驱动电机控制器还要对电流传感器、电压传感器、温度传感器等输入信号进行处理,并将驱动电机系统的运行状态通过 CAN 总线发送给整车控制器。驱动电机控制器的工作原理如图3-36 所示。

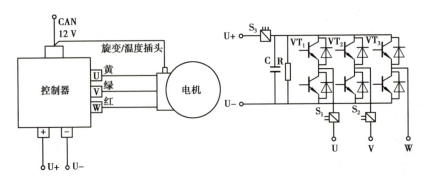

图 3-36　驱动电机控制器的工作原理图

【拓展阅读】

你是否关注过手机上的 LED 呼吸闪灯？你是否留意过电风扇转动可快可慢？调光、调速，其实万物皆可脉冲宽度调制（Pulse Width Modulation，PWM）。

PWM 是一种利用微处理器的数字信号对模拟电路进行控制的有效技术。

1962 年，Nicklas 等人提出了脉冲调制理论，指出利用喷气脉冲对航天器控制是简单有效的控制方案，同时能使时间或能量达到最优控制。发展至今，脉冲宽度调制技术结构简单、易于实现、技术较成熟，广泛应用于测量、通信、功率控制与变换等诸多领域中，俄罗斯已经将其成功地应用于远程火箭的角度稳定系统控制中。目前，PWM 控制电机有两种形式：闭环模式和开环模式，如图 3-37 和图 3-38 所示。

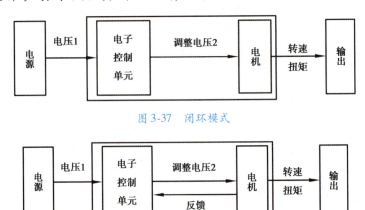

图 3-37　闭环模式

图 3-38　开环模式

相较于闭环模式，开环模式中的电子控制单元与电机之间由"控制"与"反馈"信号沟通，这就意味着电子控制单元可以根据外部负载的反馈进行内部占空比的调整，达到适应外部负载变化的要求。因此，闭环模式相较于开环模式，更显智能化。在我国，电动汽车上的电机控制系统内部的 PWM 信号，常用闭环模式。

【任务评价】

序号	考核项目	考核内容	赋分/分	评分标准	得分/分
1	驱动电机控制器的安装位置	驱动电机控制器的实际布置位置	15	根据实车能正确指出驱动电机控制器的所在位置	
2	驱动电机控制器的结构组成	驱动电机控制器的六大主要部件	15	能正确认识驱动电机控制器的六大主要部件的外观形状	
			15	能厘清驱动电机控制器的六大主要部件的位置关系	
			15	能正确阐述驱动电机控制器的六大主要部件的连接逻辑	
			15	能用自己的语言阐述驱动电机控制器的六大主要部件的基本作用	
3	驱动电机控制器的功能特点	驱动电机控制器的4个功能特点	10	能正确阐述驱动电机控制器的功能特点	
4	驱动电机控制器的工作原理	驱动电机控制器的工作原理图	15	能用自己的语言阐述驱动电机控制器的工作原理图	

任务三　驱动电机动力回收的过程

【任务描述】

近年来,越来越多的新能源汽车出现在我们的生活中。它们能够使用电动机来推动车辆,使得汽车变得更加环保。在驾驶新能源汽车时,我们可能注意到车辆面板上的"驱动电机能量回收"标志。那么,这个标志代表什么? 在本任务中,探讨"驱动电机动力回收过程"。

【任务实施】

一、驱动电机动力回收的概念及作用

自燃油车出现以来,因为普遍使用的发动机的能量转化效率还不足50%,特别是没有直接安装在车辆上驱动车轮行驶,最终从发动机到车轮上,能量利用率就是极低的。所以为了提高能效,应运而生很多降低能量损失的设计,例如,空气动力学设计、废气涡轮增压设计、真空泵设计,以及能量回收设计等。能量回收设计包括热能量回收(排气热量、发动机热量)设计、制动能量回收设计以及滑行能量回收设计。在制造和后期研究的方向无非使车子跑得更快、更节省资源。制动能量回收系统包括与车型相适配的发电机、蓄电池以及可以监视电池电量的智能电池管理系统。制动能量回收系统回收车辆在制动或惯性滑行中释放出的多余能量,并通过发电机将其转化为电能,再储存在蓄电池中,用于之后的加速行驶。这个蓄电池还可为车内耗电设备供电。

二、驱动电机动力回收的优缺点

1. 驱动电机动力回收的优点

①可以省电:因为能够把一部分车速转换成电池电量,所以会相对省电。

②可以节省刹车片:驾驶经验丰富的驾驶员可以合理地利用动能回收来减速,减少刹车的次数,从而节省刹车片。

③可以提高刹车效果:在刹车的同时,动能回收也在起作用,相当于加强了刹车效果。

2. 驱动电机动力回收的缺点

①相对于油车降速快,很多低端车型在动能回收时刹车灯不亮,但是这时车子已经迅速减速,很容易造成追尾。

②动能回收降速快,乘客很容易晕车。

③因为松开油门时,车辆会减速,所以很多驾驶员会把它当成刹车用,容易造成事故。

三、动力回收系统的结构及原理

电动汽车作为一个能量系统(图3-39),主要包括能量存储系统、主驱动系统、辅助电器系统,与车型相适配的发电机、蓄电池以及可以监视电池电量的智能电池管理系统。它是由驱动轮、主减速器、变速器、电动机、AC/DC转换器、DC/DC转换器、高压蓄电池以及控制器组成的,如图3-40所示。

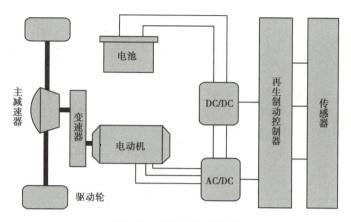

图 3-39　能量系统结构图

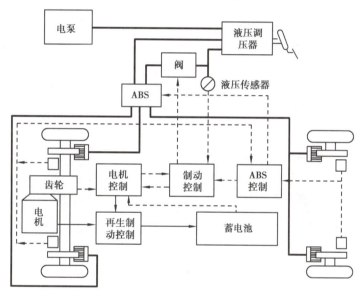

图 3-40　动力回收系统结构图

电动汽车动能回收的原理就是把电动机器转换成发电机,把制动产生的能量回收,将其储存在高压蓄电池中。汽车在正常行驶的过程中,不可避免地会有减速的需要,在这时,会暂停发动机的额定动力输出,增加一个运行的阻力负荷去消耗掉汽车继续前行的惯性。这个阻力负荷装置就是制动器,在制动过程中,汽车前行的惯性对车辆的制动器做功,使其变为摩擦片的热能而不可逆地散失掉,目前基本的解决原理就是将汽车前行的惯量用一个装置或设备存储起来,在需要时再利用,该装置就是动力回收利用系统,如图 3-41 所示。

四、新能源车有两种能量回收方式

整车减速或停车的过程其实是整车的动能转化为克服摩擦阻力产生热能的一个过程。在这个过程中,动能转化为电能,任何移动的物体想要减速有两种方法:减少动力和增大阻力。放在车辆上就是通过滑行和踩刹车两个动作来实现,如图 3-42 所示。

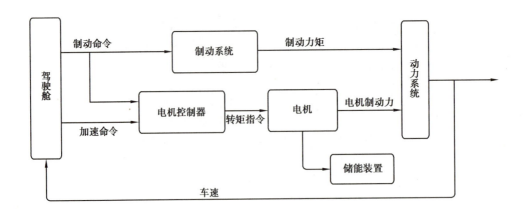

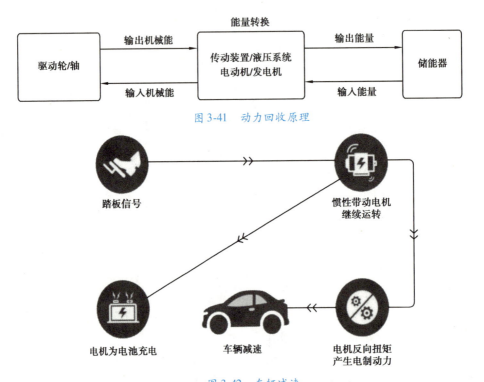

图 3-41　动力回收原理

图 3-42　车辆减速

①滑行能量回收加速踏板和制动踏板处于松开状态,车辆滑行过程中进行滑行能量回收。

②踩刹车实现制动。通常汽车制动过程/制动模式可分为紧急制动/急刹车、正常制动/中轻度刹车、长下坡缓行制动三大类。

a.紧急制动/急刹车。一般汽车紧急制动对应于制动减速度大于 3 m/s² 的过程。从安全角度考虑,紧急制动时应以机械摩擦制动力为主,电机制动力为辅,使其达到最大。由于紧急制动过程非常短,因此能够回收的制动能量比较少。

b.正常制动/中轻度刹车。中轻度刹车对应于汽车在正常工况下的制动过程,该制动过程可分为减速过程和停止过程,其中减速过程对应的制动减速度小于3 m/s²。整车制动力主要由电机制动力提供,在所提供的制动力不能满足制动要求时,摩擦制动力才起作用。减速过程能够最大限度地利用再生制动力,使汽车减速的同时将动能转化成电能加以存储利用,停止过程主要由摩擦制动完成。因此,正常制动情况下能够回收的制动能量较多。

c.长下坡缓行制动。汽车下长坡一般发生在盘山公路下缓坡时。由于在制动力要求不大时,可完全由电刹车(电制动/电机再生制动力)提供,因此这部分能量也可以回收。其充电特点表现为回馈电流较小但充电时间较长。限制因素主要为电池的电荷状态和接受能力。当不能满足下坡制动要求时,摩擦制动力才起作用。但由于下长坡的概率比较小,因此回收能量情况较少。

制动过程中,制动系统工作的摩擦阻力产生热量,此项能量占比最大。但是如果可以将制动摩擦产生的能量回收,重新用于驱动,那么对整车能耗的意义是巨大的。新能源汽车的能量回收系统就承担了这个功能。

五、能量回收模式的切换操作

第一步:打开设置(打开新能源汽车车辆设置),如图3-43所示。

图3-43　车辆设置

第二步:选择类别(选择新能源设置),如图3-44所示。

图3-44　选择类别示意图

第三步：找到能量回收等级（在新能源设置页面上下拉动，找到能量回收等级），如图 3-45 所示。

图 3-45　能量回收等级示意图

注意事项：能量回收的选项在车辆设置中，而不在系统设置中。

【拓展阅读】

　　汽车行业的发展面临着能源危机和环境污染两大问题。作为新能源汽车研发方向之一的电动汽车，由于具有能源利用效率高、近乎零排放等优点，成为汽车行业研究、设计和生产的热点。尽管各种类型的电动汽车如雨后春笋般涌现，但是电动汽车发展也面临着续驶里程短、电池充电时间长、储能装置能量存储不足等技术障碍。制动能量再生技术在电动汽车上的应用，对提高电动汽车能量利用率、增加电动汽车的续驶里程有着重要意义。

　　综上所述，电动汽车的制动系统包括液压制动系统和电机制动系统两个部分。对于前轮驱动的电动汽车，前轮的制动过程一般包含液压制动和电机再生制动两个部分，而后轮一般只通过液压制动系统来制动。

　　再生制动由整车控制器控制，液压制动由制动控制器控制。液压制动系统在常规的制动系统上增加了踏板行程传感器、压力传感器和电磁阀，且具有 ABS 调节功能。行程模拟器用于模拟踏板行程，吸收多余的制动压力，在确保制动安全的前提下尽可能采用再生制动，提高能量回收效率。调节器与制动踏板行程传感器协同动作，防止制动踏板在制动过程中产生振动。

【任务评价】

序号	考核项目	考核内容	赋分/分	评分标准	得分/分
1	驱动电机动力回收的概念	回答动力回收的概念	15	能正确回答动力回收的概念	
2	动力回收系统的结构	能阐述动力回收系统的结构	10	能正确阐述动力回收系统的结构	

续表

序号	考核项目	考核内容	赋分/分	评分标准	得分/分
3	制动回收系统的作用	制动回收系统的作用	15	能正确回答制动回收系统的作用	
4	动力回收系统的意义	动力回收系统的意义、回收原理、约束条件及操作方法	12	能回答动力回收的意义	
			12	能回答动力回收的原理	
			12	能回答动力回收的优缺点	
			14	熟知动力回收的操作	

任务四　旋变传感器与温度传感器的工作原理

【任务描述】

我们知道,开关霍尔传感器因为它自身的一些特点往往应用在对精度要求不高、工况相对单一、低成本的一些小控制器上。而对于车用的大电机来说,最常用的还是旋转变压器(旋变)这类位置传感器。接下来,将详细介绍旋变的相关内容。

【任务实施】

一、旋变传感器的结构

旋变传感器(图 3-46)包括定子(图 3-47)和转子(不规则形状的铁芯)(图 3-48)。定子由多个硅钢片组成,定子绕组内部有 3 组线圈:一组为励磁绕组,一组为正弦绕组,一组为余弦绕组。两个信号在布置上相差一定的角度,在励磁绕组上连接交流信号。

1. 励磁绕组

励磁绕组也称激磁绕组(图 3-49),它是可以产生磁场的线圈绕组。励磁绕组一般在电动机和发电机内,有串励和并励之分。发电机内用励磁绕组,可以替代永磁体,可以产生永磁体无法产生的强大磁通密度,且便于调节,从而可以实现大功率发电。

2. 正弦绕组

正弦绕组(图 3-50)是指在各个定子槽中的导体数不是均匀分布的,而是按照一定规律分布的,使电机气隙磁势的分布规律接近正弦形。采用正弦绕组的目的能明显削弱磁势及电势中的高次谐波,改善电机运行性能。

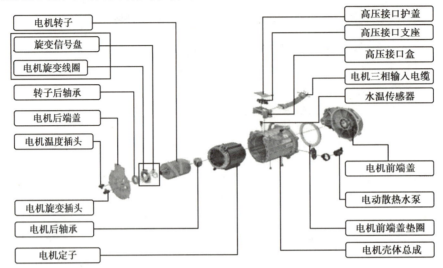

图 3-46　旋变传感器结构图

图 3-47　定子结构图

图 3-48　转子结构图

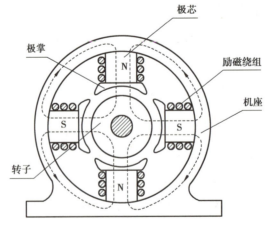

图 3-49　励磁绕组结构图

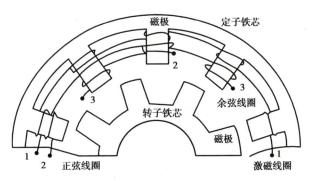

图 3-50 正旋绕组结构图

3.余弦绕组

余弦绕组(图 3-51)的正常阻值是指变压器在其额定电流条件下静态装载时,各绕组之间的电阻值满足其阻抗电势在垂直于初始互感磁轴的垂直平面的矩形坐标系内的三相等长虚线形态角度为锐角的余弦线性分布时的大小值。

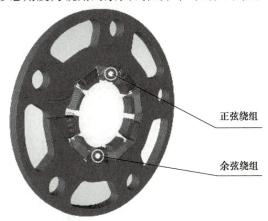

图 3-51 余弦绕组结构图

二、旋变传感器的作用

旋转变压器(图 3-52)是目前电动汽车电机控制器中常用的一种位置传感器,用来反映驱动电机转子的位置、转速及旋转方向,将信息提供给电机控制器内的软件做电机的算法控制。新能源汽车大多使用永磁同步电机驱动,当永磁同步电机工作时,定子线圈产生的旋转磁场和转子同步转动。当转子不旋转时,3 个信号为回频率,信号振幅没有变化。由于转子也是由多个硅钢片组成的,旋转磁场磁极和转子磁极会保持一定的夹角,因此电机控制器必须监测转子的位置和转子的转速。当转子旋转时,由于转子上存在较大凸起,旋转时,信号绕组中的磁通量会周期性地发生变化,这样信号的振幅随着间隙的变化而改变,根据两个信号的相互关系就能判断转子的位置。

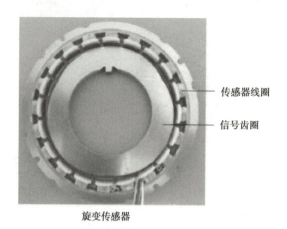

旋变传感器

图 3-52　旋变传感器结构图

三、旋变传感器的工作原理

旋变也可以理解为是一个小电机,也分定子和转子,定子和转子都是由多个硅钢片组成的。定子绕组内分别有励磁线圈和检测线圈(也称为正弦、余弦两组线圈),转子的外形有多个凸起和凹陷,转子安装在电机转轴上,与电机同步旋转。在定子线圈中会感应出位置信息,并由定子线圈传递出来,电机控制器由此得到转子最终的位置和转速。

为便于理解旋变工作原理,简化后的旋变传感器的结构如图 3-53 所示。

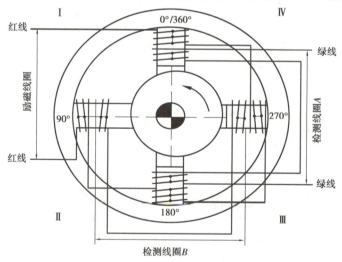

图 3-53　旋变传感器工作原理图

红色线圈代表励磁线圈,励磁线圈上的输入交流电保持不变,绿色代表检测线圈 A,蓝色代表检测线圈 B,在 4 个铁芯上都缠绕着励磁线圈和检测线圈。中间是一个偏心凸轮(代表转子),凸轮和铁芯的距离越小,铁芯内磁场越强,检测线圈的感应电压越大,凸轮和铁芯的距离越大。铁芯内磁场越弱,检测线圈的感应电压越小。当凸轮这样转一圈时,检测线圈的感应电压如图 3-54 所示,就可以得到这样一个正弦波。

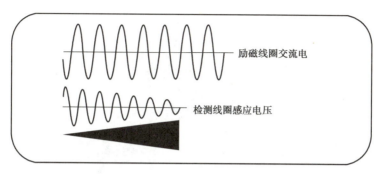

图 3-54 检测线圈原理图

检测线圈 A 和检测线圈 B 的两个相位相差 90°,ECU 通过检测线圈 A 和检测线圈 B 的电压值,就可以计算出转子的位置,再通过波形可以计算出转子的转速。

四、旋变传感器的检修方法

示波器检测:测量励磁线圈、检测线圈的电压波形,如图 3-55 所示。

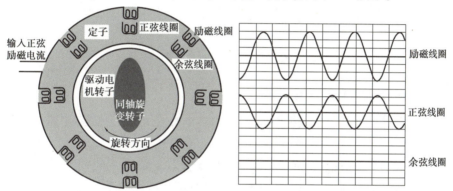

图 3-55 示波器检测信号值原理图

五、温度传感器的类别

温度传感器的种类繁多,常用的有热敏电阻式、金属热电阻式、线绕电阻式、晶体管式等。汽车常用的是热敏电阻(图 3-56),热敏电阻分为正温度系数(Positive Temperature Coefficient,PTC)型热敏电阻、负温度系数(Negative Temperature Coefficient,NTC)型热敏电阻、临界温度型热敏电阻(Critical Temperature Resistor,CTR)和线性热敏电阻。常用的热敏电阻有负温度系数型和正温度系数型两种。

六、温度传感器的作用

检测车外环境温度的高低,控制系统将根据车外温度与车内温度的差值来决定控制方式。

给 ECU 提供车室之外的温度信号,ECU 根据此信号与车内温度信号对比,确定车室内的温度,以满足车室内人员的需要。例如,车外是 5 ℃,车内是 30 ℃,温差太大,ECU 会控制空调工作,使车内温度降低到 20 ℃左右,这时人在车内就不会感到太热,也不会太冷。汽车温度传感器在前保险杠支架上，是一个热敏电阻。

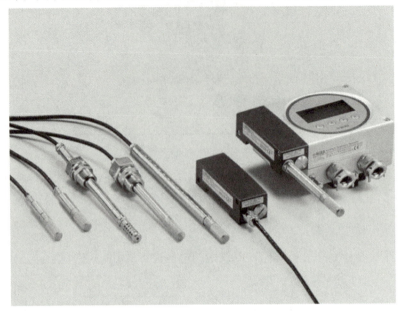

图 3-56　热敏电阻结构图

七、温度传感器的工作原理

为避免因温度过高而造成组件损坏，有很多电机使用温度传感器来监控电机定子绕组的温度。

不同车型的驱动电机，温度传感器的规格也是不一样的。有正温度系数，也有负温度系数的驱动电机温度传感器。负温度系数传感器的电阻会随着温度的升高而降低，随着温度的降低而升高，代表性车型为吉利 EV300/EV450 和比亚迪 E5。正温度系数传感器的电阻值会随着温度的升高而增加，随着温度的降低而减小，代表性车型为北汽 EU260。

驱动电机温度传感器通常被放置在定子绕组内部，数量为 2～3 个，分别是 U 相温度传感器、V 相温度传感器、W 相温度传感器。例如，宝马 i3 后轮驱动电动汽车装备了 2 个温度传感器，吉利 EV300/450 安装了 2 个温度传感器，北汽 EU260 则安装了 3 个电机温度传感器。如图 3-56 所示，比亚迪 e5 驱动电机温度传感器，不直接测量转子温度，而是根据定子内的温度传感器测量值进行确定的，其信号以模拟方式由电机控制器读取和分析。若电机的温度升高至临界值，混合动力汽车和纯电动汽车控制系统将会限制电机的最大输出并设置诊断故障码（Diagnostic Trouble Code，DTC），并同时在汽车仪表板上显示警告灯。

温度传感器的检测方法主要有以下几种：

1）检查外观

检查温度传感器的外观是否有损坏、变形等情况，若有，需进行维修或更换。

2）使用温度计校验

将温度传感器与温度计同时放置在同一个环境中,比较两者所测量的温度是否一致,如果有误差,需要进行修正。

3）使用万用表检测

将温度传感器与万用表相连,检测其电阻、电压等参数是否满足所需的规格要求,如果不满足,需要进行修正或更换。

4）模拟实验检测

通过构建实验平台,将温度传感器置于不同的环境中,对传感器所产生的电信号进行实时监测,验证其输出是否准确。

对于温度传感器的检测,需要综合运用多种方法进行检测,以确保其在使用过程中能够准确、稳定地测量环境温度,同时也能延长其使用寿命。

【拓展阅读】

传感器市场发展历史与趋势

传感器是一种能够感知、检测和测量物理量的设备,它们广泛应用于各个领域,如工业、医疗、汽车、航空航天等。随着科技的不断进步和人们对生活质量的要求不断提高,传感器市场也在不断发展壮大。

传感器的历史可以追溯到19世纪初,当时人们开始使用电学原理来测量温度、压力和流量等物理量。20世纪初,随着电子技术的发展,传感器开始应用于工业自动化领域,如测量温度、压力、流量、液位等。20世纪60年代,随着微电子技术的发展,传感器开始变得更加小型化、智能化和多功能化,应用范围也逐渐扩大到医疗、汽车、航空航天等领域。

未来,传感器市场的发展趋势将主要体现在以下几个方面:

①多元化应用:传感器将不仅应用于传统的工业自动化、医疗、汽车等领域,还将应用于智能家居、智能城市、智能农业等领域。

②智能化和网络化:传感器将越来越智能化和网络化,能够实现自主学习、自主决策和自主控制,同时也能够实现与云端、物联网等网络的连接和数据共享。

③小型化和低功耗:传感器将越来越小型化和低功耗,能够实现更加便携、低成本和长寿命的应用。

④多模态和多功能化:传感器将不仅能够感知单一的物理量,还能够感知多种物理量,并且能够实现多种功能,如图像识别、语音识别等。

传感器市场的发展历史和趋势表明,传感器将成为未来各个领域的重要组成部分,为人们的生活和工作带来更多的便利和效益。

【任务评价】

序号	考核项目	考核内容	赋分/分	评分标准	得分/分
1	旋变传感器的结构	认识旋变传感器	15	能正确回答旋变传感器的构造	
2	旋变传感器的作用	为什么电动汽车要使用旋变传感器	10	能正确回答旋变传感器的作用	
3	旋变传感器的工作原理	旋变传感器的工作过程	15	能正确回答旋变传感器的原理	
4	温度传感器	温度传感器的类别、作用、工作原理及检测方法	12	能回答温度传感器的类别	
			12	能回答温度传感器的作用	
			12	能回答温度传感器的工作原理	
			14	能回答温度传感器的检测方法	

【项目检测】

1. 驱动电机控制系统由_____、_____、_____、高低压线束和传感器等组成。

2. 市面上常采用的是_____电机。

3. 高压线束的颜色一般为_____。

4. 驱动电机控制器的功能有_____。

项目四 | 驱动电机及电机控制器冷却系统

【项目导入】

纯电动汽车在动力转换过程中,驱动电机与电机控制器在工作时会产生热量,驱动电机及电机控制器需要在合适的温度范围内工作,防止温度失控导致性能受限甚至损坏,所以需要对驱动电机及电机控制器进行冷却。在项目二中,主要对冷却系统的气密性和冷却系统各部件进行维护。本项目侧重冷却系统的组成与维护,将对驱动电机及电机控制器冷却系统的两个任务进行学习。

【学习目标】

知识目标:

- 能阐述驱动电机及电机控制器冷却系统的组成;
- 能阐述驱动电机及电机控制器冷却系统的工作原理;
- 能阐述驱动电机及电机控制器冷却系统各部件的作用。

能力目标:

- 能正确检查驱动电机及电机控制器冷却系统的工作状态;
- 能正确掌握冷却系统气密性、电动水泵的检查方法;
- 能正确掌握散热器的清理方法及冷却风扇的检查方法;
- 能正确掌握冷却水更换标准与维护方法;
- 能正确清洁、整理工具,对工位进行6S操作。

素质目标:

- 树立追求卓越、勇于拼搏的奋斗精神;
- 培养安全意识、规范意识、团队意识、工匠精神及创新思维;
- 提升对常见故障的分析、解决及优化能力。

【思维导图】

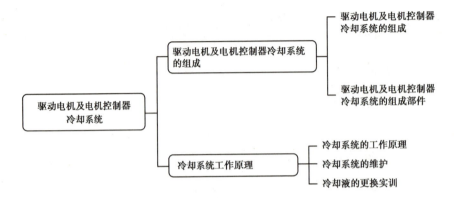

任务一　驱动电机及电机控制器冷却系统的组成

【任务描述】

电机及控制系统的冷却系统作为车辆冷却的重要组成部分,使电机及控制系统在合适的温度范围内工作,防止温度失控导致性能受限甚至损坏。通过本任务的学习,读者能够知道电机及控制系统的冷却系统是如何组成的。

【任务实施】

一、驱动电机及电机控制器冷却系统的组成

新能源汽车驱动电机及电机控制器冷却系统由电动水泵、散热器、冷却风扇、膨胀水箱、水管、冷却液等组成,如图4-1所示。

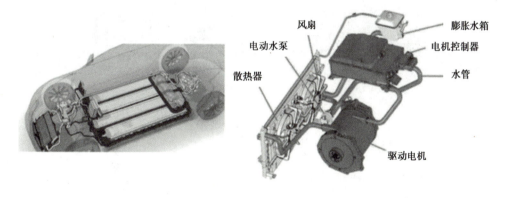

图 4-1　驱动电机及电机控制器冷却系统

新能源汽车的电动水泵通常安装在车辆前部右下方,将冷却系统内的冷却液加压后通过水管送到电机控制器冷却水道中,冷却液对电机控制器进行冷却后再流向驱动电机冷却水道,对电机进行冷却,冷却液最后从电机出水口流向散热器进水口、在散热器总成中与外界冷空气进行热交换把系统中的热量传递到环境中去。一般在散热器总成后安装电驱动的散热风扇来提高空气流动增加散热。

二、驱动电机及电机控制器冷却系统的组成部件

1. 电动水泵

新能源汽车电子水泵是汽车冷却系统的关键部件,通常为12 V电动冷却液泵、汽车循环直流泵系列。汽车电子水泵的主要运行原理是由无刷电机带动叶轮旋转,使液

体压力升高,带动水、冷却液等液体进行循环。电动水泵如图 4-2—图 4-4 所示。

图 4-2　电动水泵

图 4-3　电动水泵(比亚迪秦)

图 4-4　电动水泵(帝豪 EV450)

2. 散热器

散热器即我们常说的水箱,可分为纵流式和横流式两种。散热器包括进液口、出液口、散热器芯等。大多数新型轿车均采用横流式散热器,这主要是因为轿车的车身通常比较低,横流水结构散热器能充分利用轿车的有限空间最大限度地增加散热器的迎风面积,有利于改善车身前端的空气动力性。

大多数货车采用纵流式的结构,这是因为纵流式的散热器有着更好的散热强度和悬置的可靠性,如图 4-5 所示。

3. 膨胀水箱

膨胀水箱用透明塑料制成。膨胀水箱的上部用一个较细的软管与水箱的加水管相连,底部通过水管与电动水泵的进水侧相连,通常位置略高于散热器。

补充冷却液:膨胀水箱上有两条刻线,冷却液应加到上刻线(FULL)与下刻线(LOW)之间,当液面下降到下刻线(LOW)以下时,应及时补充,如图 4-6 所示。

图4-5 散热器总成

图4-6 膨胀水箱

4. 冷却风扇

冷却风扇能降低流经散热器的冷却液的温度,增加散热器的通风量,从而有助于提高车辆在低速行驶时的冷却效果,如图4-7所示。

图4-7 冷却风扇

【拓展阅读】

无水冷却液

无水冷却液也叫无水冷却油、汽车冷却油等,是一种新型的汽车消费产品,是汽车史上的"革命"。彻底消除了传统冷却液给发动机带来的易产生腐蚀、水垢、气蚀、开锅等冷却系统老大难的问题,延长发动机的使用寿命。

随着人类科技的高速发展和对发动机性能追求的不断提高以及对环保意识的增强,无水冷却液将会取代含水冷却液,拥有更广阔的前景。

1. 无水冷却液的优势

①无水冷却液的沸点是191 ℃,有一个很大的热安全空间,所以使用该产品后,水

温高到红线(即"危险"警告线),此时温度高达110～138 ℃,发动机仍然无任何变化,保持良好状态运转,动力保持充足,噪声变化不大,水箱也不产生"开锅"(喷出水),不拉缸,不熄火,这意味着该产品与众不同的功效,在某些极端情况下(短时间内风扇不工作)都能保持正常的工作状态。

②一般汽车的水箱盖上都标有"危险"二字,不能随时打开,而且在长期使用下,冷却系统所有的胶管都会失去弹性,影响本质。这样,车在高速行使时十分不安全,水管容易破裂,水箱连接头泄漏,导致水温偏高,开锅、拉缸、烧缸垫、熄火、拖车、大修发动机,造成经济损失,直接影响用车运输作业。而使用无水冷却液后能随时打开水箱盖,冷却系统处于无压力状态,能安全顺利地工作,无蒸汽产生,无压力,对各水管不容易产生热胀冷缩,这就能有效的延长冷却系统及发动机的使用寿命。

③零腐蚀,无水锈生成,永远无须清洁和修补水箱,大大减少维修及故障的出现。

④增加马力,燃烧充分,减少油耗,节约成本。

2.无水防冻液的特点

①具有高长效控制"燃烧室火点"的周边金属过高的热量,完全释放引擎的消耗功率,完善理想改变发动机性能,致使全面复升。

②提高大负荷足劲顺畅的马力:平均热平衡、提升热效率,恢复活塞环的涨力、提升气缸壁上部的机油润滑质量并减少摩擦,复升混合气(气阻)进气量充足的压缩比,提升点火燃烧效率、提高尾气燃烧排放质量。

③彻底消除:开锅、拉缸、烧缸垫、窜漏水、漏气、漏油等现象。水箱阻塞、水锈、水垢、腐蚀气蚀等现象。发动机疲劳、发闷、爆振、预燃、噪声大、怠速不稳、气缸压力降低、动力不足、耗油增大、尾气排放烟大等现象。

④双重安全保险:电子扇、节温器不工作状况下水温高到红线不存在危险、不拉缸,不用拖车、无后顾之忧。

⑤持久耐力:大大延长了发动机寿命抗温型(热胀冷缩的原理)、抗磨型的无水冷却液。一次加入,无须更换。

【任务评价】

序号	考核项目	考核内容	赋分/分	评分标准	得分/分
1	驱动电机及电机控制器冷却系统的组成	驱动电机及电机控制器冷却系统的组成部件	20	能准确描述驱动电机及电机控制器冷却系统的组成	
2	电动水泵的工作原理	阐述电动水泵的工作原理	20	能用自己的语言阐述冷却水泵的作用	

续表

序号	考核项目	考核内容	赋分/分	评分标准	得分/分
3	冷却系统散热器的作用和类型	描述散热器的作用和类型	20	能用自己的语言描述散热器的作用、类型	
4	补偿水箱的作用	描述补偿水箱的作用	20	能正确找到补偿水箱和判断冷却水是否符合标准	
5	冷却风扇方法的作用	描述冷却风扇的作用	20	能正确冷却风扇的位置并描述作用	

任务二　冷却系统工作原理

【任务描述】

受材料耐热性的影响,电机及控制系统各零部件需在限定的温度下工作。以永磁同步电机为例,永磁体的使用温度在 160 ℃以下,绕组绝缘材料的使用温度在 180 ℃以下,IGBT 的使用温度在 150 ℃以下。通过本任务的学习,读者可以了解电机及控制系统的冷却系统气密性、电动水泵的检查方法、冷却液的更换操作等。

【任务实施】

一、冷却系统的工作原理

高压部件通过热传导将热量传递给冷却液,带有热量的冷却液在电动水泵的动力驱动下流经散热器,并将热量传递给散热器,散热器则直接将热量带走,至此整个冷却过程完成。

二、冷却系统的维护

1.冷却系统气密性检查

①检查冷却系统过滤网外观,其外观应保持洁净、无破损。

②检查冷却系统的运行状况,冷却系统在运行过程中应无噪声和渗漏。

③检查冷却系统的管路和各零件接口处有无渗漏,以及冷却系统的管路固定情况。软管与硬管连接处应无渗漏,且对管路布设无干涉,如图4-8所示。

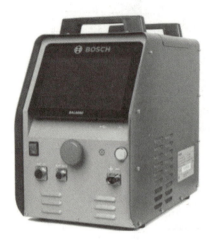

图4-8　气密性检测仪器

2. 电动水泵的检查

当车钥匙置于"ON"挡,仪表显示"READY"时,电动水泵由整车控制器控制开始对电动水泵供电使水泵开始工作。而有些纯电动汽车则是当温度传感器检测到电机控制器温度达到一定值时,电动水泵才开始工作。

①起动汽车检查当电动水泵开始工作时检查电动水泵是否渗漏、有无异响。

②检查电动水泵链接线速有无老化、破损。

③检查电动水泵链接水管有无老化、卡口是否安装到位。

④检查水泵工作状态是否正常,如图4-9所示。

图4-9　水泵及水管

3. 散热器的检查

①检查散热器外表面是否存在积尘或污垢,对存在积尘或杂物的,应使用风枪或毛刷进行清理,保持干燥。

②检查散热器是否有泄漏。

③检查散热器的散热片是否大面积变形。

④检查散热器表面是否存在腐蚀,如图4-10所示。

图 4-10　散热器

4. 冷却风扇的检查

冷却风扇分为高、低速两挡,根据电机内温度传感器和电机控制器内温度传感器信号来调整车控制器控制风扇挡位的自动切换。

①检查冷却风扇外表面,其外表面应无明显积尘、弯曲或损坏。

②检查冷却风扇的接地电路是否正常。其具体检查方法:使用绝缘测试仪(或万用表),测试线束连接器的某端子和车身接地之间的电阻,查看电阻是否符合标准。

③检查冷却风扇叶片有无弯曲或损坏,若有,则必须将其更换,如图 4-11 所示。

图 4-11　冷却风扇

5. 冷却水的检查

①待驱动电机冷却后,检查冷却液液位是否保持在"MIN"(冷却液下限标记)和"MAX"(冷却液上限标记)两条刻度线之间。

②缓慢旋开膨胀水箱盖,查看冷却液是否浑浊。如果冷却液浑浊,则应及时更换。

③用冰点测试仪,测量防冻液的冰点,如图 4-12 所示。

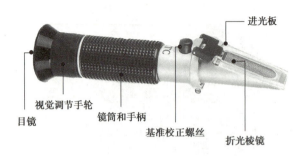

进光板

视觉调节手轮

目镜

镜筒和手柄

基准校正螺丝

折光棱镜

图 4-12　冰点测试仪

6. 冷却水选用标准

新能源汽车防冻液与传统燃油汽车选用的防冻液一样,主要用于冬季防冻与日常对驱动电机及电机控制器进行降温。因此,对防冻液要求如下:

①良好的防冻性能。

②防腐及防锈性能。

③对橡胶密封导管无溶胀及侵蚀性能。

④防止冷却系统结垢的性能。

⑤抗泡沫性能。

⑥低温黏度不太大。

⑦化学性质稳定。

7. 防冻液使用注意事项

①根据车辆使用环境选择对应冰点的防冻液。

②应选用的防冻液具有防锈、防腐、除垢能力。

③更换防冻液时,先检查冷却系统有无泄漏,若有,应先排除故障后才可使用。

④严禁直接加注防冻液母液。

⑤不同厂家的防冻液不能混加。

⑥定期更换防冻液,一般更换周期为 1~2 年(长效防冻液 2~3 年),如图 4-13 所示。

图 4-13　防冻液

三、冷却液的更换实训

1.任务准备

①安全防护：做好自身防护措施和车辆高压防护与隔离。

②设备工具：龙门式举升机、绝缘防护用具、新能源汽车绝缘工具套装、常规工具套装。

③辅助资料：汽车维修手册、教材。

④车辆型号：吉利帝豪 EV450 冷却系统总成。

2.实训步骤

1）冷却系统

冷却系统如图 4-14 所示。

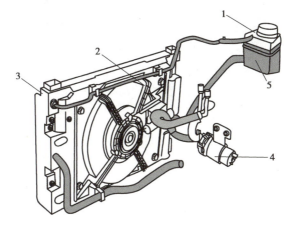

图 4-14　冷却系统总成

1—膨胀水箱；2—冷却风扇；3—散热器；4—电动水泵；5—冷却液

2）冷却液液位检查和更换流程

①冷却液液位检查。

打开机舱盖，找到冷却系统膨胀水箱，检查膨胀水箱内冷却液液位是否位于"F"和"L"之间。打开加注口盖，查看冷却液是否浑浊。

注意：应在冷却液彻底冷却后再打开加注口盖，处于散热状态时切勿打开，以免烫伤。如果冷却液不在规定的范围内，应添加；如果冷却液浑浊，应更换。

②冷却液更换程序。

a.打开膨胀水箱冷却液加注口盖。

b.断开散热器出水管，使用容器收集排放出的冷却液。

c.冷却液排放完后，连接散热器出水管，并检查冷却管路连接是否完整。

d.使用诊断仪进入加注初始化状态，具体操作如下：将车辆起动至"ON"挡，且非充电状态，连接诊断仪（这里以吉利帝豪 EV450 为例），选择车型—手动选择系统—空调控制器(AC)—特殊功能,选择加注初始化,车辆处于加注初始化状态。

e.打开膨胀水箱加注盖,如图4-15所示,缓慢加注冷却液,直至膨胀水箱内冷却液达到80%左右,且液位不再下降。

f.进行冷却系统排气操作。具体操作如下:连接诊断仪,使车辆处于排气状态,如果液位下降应及时补充冷却液,排气过程时长不小于10 min。

g.观察膨胀水箱内冷却液液位,若下降应及时补充冷却液,确保冷却液液位处于"F"和L"之间。

h.拧紧膨胀水箱加注盖,使用诊断仪将车辆恢复到默认模式。

图4-15　膨胀水箱

【拓展阅读】

发动机水泵

发动机水泵是负责在发动机内部循环冷却液的一种机械设备,主要是泵类通过将冷却液从水箱中抽取出来,再经过散热器进行散热后,使冷却水再次回到水箱中循环使用。发动机水泵也被广泛应用于不同种类的发动机中,如汽车、船舶、水冷式机车等。

1. 发动机水泵的类型

基于其应用领域、工作原理及内部结构等不同,可以将发动机水泵分为以下几种类型:

1)离心式水泵

离心式水泵是一种将离心力作用于冷却液来驱动的水泵,其工作原理是通过旋转叶轮使冷却液形成离心力,从而实现液体的抽取和循环。此外,该类型的水泵结构简单,且具有高效节能、流量大等优点,因此,被广泛应用于汽车、船舶、工业设备等领域。

2)推力式水泵

推力式水泵是一种通过螺旋桨或推进器等设备来驱动冷却液进行循环的水泵类型。其叶轮通常被安装在一个套管内,液体则沿管道输送到叶轮上,随后被快速地抛出叶轮。与离心式水泵相比,推力式水泵具有噪声低、清洗方便等特点,因此,广泛应用于高速船舶和高性能的汽车中。

3)凸轮轴式水泵

凸轮轴式水泵是一种基于凸轮轴供应动力的水泵类型。由于其内部结构较为复杂,具有较高的真空度及超强抗耐磨、耐腐蚀性,被　工、石油开采等领域广泛运用。

2. 发动机水泵在工业领域的应用

除了在汽车、船舶等领域的应用,发动机水泵也被广泛应用于工业设备中。一些需要高温冷却的机器如冶金、能源和化工设备等,它们的水泵需要更强大的流量和更高的工作温度。在这种工作条件下,离心式和推进式水泵是相对更好的选择。

【任务评价】

序号	考核项目	考核内容	赋分/分	评分标准	得分/分
1	驱动电机及电机控制器冷却系统的组成	驱动电机及电机控制器冷却系统的组成部件	20	能准确描述驱动电机及电机控制器冷却系统的组成	
2	检查驱动电机及电机控制器冷却系统的工作状态	能正确检查驱动电机及电机控制器冷却系统的工作状态	20	用自己的语言阐述冷却系统的工作流程	
3	冷却系统气密性、电动水泵的检查方法	能正确操作冷却系统的气密性、电动水泵的检查方法	20	能按正确方法检查冷却系统的气密性、电动水泵	
4	散热器的清理方法及冷却风扇的检查方法	掌握散热器的清理方法及冷却风扇的检查方法	20	能用自己的语言阐述散热器的清理方法及冷却风扇的检查方法	
5	冷却水更换标准与维护方法	能正确操作冷却水更换标准与维护方法	20	能正确掌握冷却水更换标准与维护方法	

【项目检测】

一、填空题

1.新能源汽车驱动电机及电机控制器冷却系统由电动水泵、_____、_____、_____、_____、_____。

2.散热器可分为_____和_____。

3.冷却系统维护包含_____、_____、_____、_____。

二、判断题

1.新能源汽车驱动电机及电机控制器冷却系统高温对系统没有损害。　　（　　）

2.新能源汽车驱动电机及电机控制器冷却系统采用汽车行驶形成的风进行冷却。
　　　　　　　　　　　　　　　　　　　　　　　　　　　　　（　　）

3.汽车电子水泵的主要运行原理：由无刷电机带动叶轮旋转，使液体压力升高，带动水、冷却液等液体进行循环。　　　　　　　　　　　　　　　（　　）

4.散热器即我们常说的水箱，可分为纵流式和横流式两种。　　　　　（　　）

5.纵流水结构散热器能充分利用轿车的有限空间最大限度地增加散热器的迎风面积，有利于改善车身前端的空气动力性。　　　　　　　　　　　　（　　）

6.膨胀水箱采用透明塑料制成，通常位置略高于散热器。　　　　　　（　　）

7.膨胀水箱只要能看见液体就是符合要求。　　　　　　　　　　　　（　　）

8.因为车辆行驶过程中会有风产生，所以要不要冷却风扇都一样。　　（　　）

三、简答题

1.简述新能源汽车驱动电机及电机控制器冷却系统的工作原理。

2.简述新能源汽车驱动电机及电机控制器冷却系统的检查项目。

3.简述新能源汽车驱动电机及电机控制器冷却系统的气密性检查流程。

4.简述冷却水的更换流程。

5.简述防冻液的选用标准。

项目五│驱动电机与控制器的检修

【项目导入】

　　之前的项目中我们已经系统地学习了驱动电机和驱动电机控制器的构造和工作原理,在本项目中主要针对电机的拆装、电机过热检修、电机异响检修、旋变传感器更换、电机控制器更换进行实操学习。

【学习目标】

知识目标:

- 能叙述驱动电机拆装的注意事项;
- 能叙述驱动电机过热的原因;
- 能叙述驱动电机异响的原因;
- 能叙述旋变传感器更换的注意事项;
- 能叙述驱动电机控制器更换的注意事项。

能力目标:

- 能正确拆装驱动电机;
- 能制订驱动电机过热的故障诊断流程;
- 能制订驱动电机异响故障诊断流程;
- 能正确拆装旋变传感器;
- 能正确拆装驱动电机控制器。

素质目标:

- 始终坚持环保理念,推广清洁能源和绿色出行理念;
- 合理正确地使用工具,严格遵守安全操作规范,不野蛮作业;
- 培养安全意识、规范意识、团队意识及独立分析故障的思维。

【思维导图】

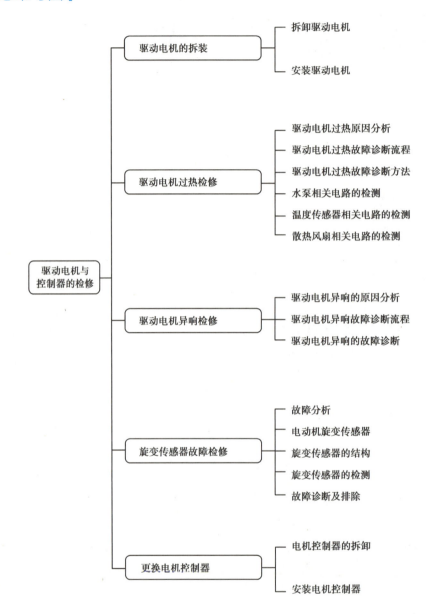

驱动电机与控制器的检修
- 驱动电机的拆装
  - 拆卸驱动电机
  - 安装驱动电机
- 驱动电机过热检修
  - 驱动电机过热原因分析
  - 驱动电机过热故障诊断流程
  - 驱动电机过热故障诊断方法
  - 水泵相关电路的检测
  - 温度传感器相关电路的检测
  - 散热风扇相关电路的检测
- 驱动电机异响检修
  - 驱动电机异响的原因分析
  - 驱动电机异响故障诊断流程
  - 驱动电机异响的故障诊断
- 旋变传感器故障检修
  - 故障分析
  - 电动机旋变传感器
  - 旋变传感器的结构
  - 旋变传感器的检测
  - 故障诊断及排除
- 更换电机控制器
  - 电机控制器的拆卸
  - 安装电机控制器

任务一 驱动电机的拆装

【任务描述】

该车无法高速行驶,经诊断该车驱动电机故障,需要拆解驱动电机总成。

【任务实施】

一、拆卸驱动电机

1. 拆卸驱动电机总成

①用专用工具交错拧开电机与变速器连接螺栓,如图5-1、图5-2所示。

图5-1 交错拧开螺栓(一)

图5-2 交错拧开螺栓(二)

②用橡胶锤敲击变速器壳体并拆下电机总成,如图5-3、图5-4所示。

图 5-3　用橡胶锤敲击变速器壳体

图 5-4　拆下电机总成

2. 拆卸三相电接线盒模块

用专业工具拆卸接线盒螺栓,如图 5-5、图 5-6、图 5-7 所示。

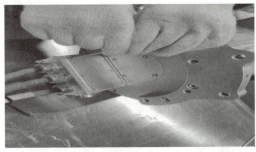

图 5-5　拆卸接线盒螺栓(一)

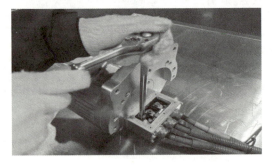

图 5-6　拆卸接线盒螺栓(二)

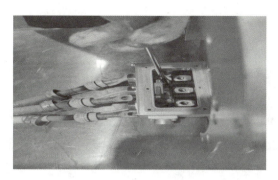

图 5-7　拆卸接线盒螺栓(三)

3.拆卸传感器

①用专用工具拆卸旋变传感器螺栓,如图 5-8 所示。

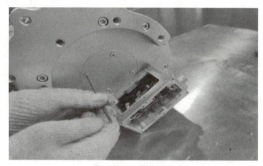

图 5-8　拆卸旋变传感器螺栓

②拆下旋变和温度传感器并做好标记,如图 5-9、图 5-10 所示。

图 5-9　拆卸旋变传感器(一)

图 5-10　拆卸旋变传感器(二)

4.拆卸驱动电机后端盖

用专用工具交错拆卸后端盖螺栓,如图5-11、图5-12所示。

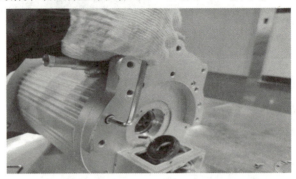

图 5-11　拆卸后端盖螺栓(一)

图 5-12　拆卸后端盖螺栓(二)

5.拆卸永磁转子

①选用专用工具拆卸转子,如图5-13所示。

图 5-13　拆卸转子

②用垫布保护转子,如图5-14所示。

图 5-14 用垫布保护转子

二、安装驱动电机

1. 安装永磁转子

①取下垫布安装转子,如图 5-15 所示。

图 5-15 安装转子

②选用专用工具安装转子,如图 5-16 所示。

图 5-16 安装转子总成

2. 安装驱动电机后端盖

①用专用工具交错安装后端盖螺栓,如图 5-17 所示。

图 5-17　安装电机后端盖

②给螺栓打上规定扭力,如图 5-18 所示。

图 5-18　打上规定扭力

3. 安装传感器

用专用工具安装旋变传感器螺栓,如图 5-19、图 5-20 所示。

图 5-19　安装旋变传感器螺栓

图 5-20　安装传感器盖

4. 安装三相电接线盒模块

用专业工具安装接线盒螺栓,如图 5-21、图 5-22 所示。

图 5-21　安装接线盒螺栓

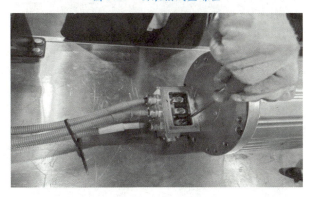

图 5-22　安装接线盒螺栓

5. 安装驱动电机总成

①连接驱动电机与变速器并用橡胶锤敲击,如图 5-23、图 5-24 所示。

图 5-23　用橡胶锤敲击电机总成

图 5-24　安装电机总成

②用专用工具交错拧紧电机与变速器连接螺栓,如图 5-25、图 5-26 所示。

图 5-25　电机总成 1

图 5-26　电机总成 2

③给螺栓打上规定扭力,如图 5-27 所示。

图 5-27　电机后端盖

④整理工位(5S 管理),如图 5-28 所示。

图 5-28　工作零件摆放

【拓展阅读】

　　三相电动机是指当电动机的三相定子绕组(各相差 120°电角度),通入三相交流电后,将产生一个旋转磁场,该旋转磁场切割转子绕组,从而在转子绕组中产生感应电流(转子绕组是闭合通路),载流的转子导体在定子旋转磁场作用下将产生电磁力,从而在电机转轴上形成电磁转矩,驱动电动机旋转且电机旋转方向与旋转磁场方向相同。

【任务工单】

序号	作业内容	评分要点(各竞赛环节漏项或累计最多扣相应配分)	配分/分	扣分/分	判罚依据
1	作业准备	□未检查设置隔离栏,扣3分; □未设置安全警示牌,扣3分; □未检查灭火器压力值(水基、干粉),扣3分; □未安装车辆挡块,扣3分; □未安装车外3件套或安装位置不正确的扣3分; □操作中翼子板布、格栅布自行脱落的扣3分; □车内4件套(方向盘、座椅、脚垫、换挡杆)少铺或未铺或撕裂的扣3分; □未完全落下驾驶员侧车窗的扣3分	24		
2	人身安全	□未检查绝缘手套密封性或检查时未密封的各扣2分; □未检查绝缘防护手套的耐压等级扣2分; □未检查护目镜、安全帽外观损伤,各扣2分; □不戴安全帽扣2分; □未穿戴绝缘鞋(进入工位前提前穿戴好)扣2分; □未检查确认挡位的扣2分	14		
3	设备使用	□未正确使用拆转工具的扣8分; □未正确使用专用工具的扣8分; □未正确打上规定力矩的扣8分; □拆装时使其零件和工具掉落的扣9分	33		
4	检查项目	□未对旋变传感器进行复位的扣10分; □未在安装后对旋变传感器进行试运行的扣10分	20		
5	整理作业	□未拆卸翼子板布和前格栅布的扣3分; □未拆卸座椅套、地板垫、方向盘套的扣3分; □未清洁整理工量具、设备、场地的扣3分	9		

【任务评价】

序号	考核项目	考核内容	赋分/分	评分标准	得分/分
1	拆卸驱动电机总成	用专用工具交错拧开电机与变速器连接螺栓用橡胶锤敲击变速器壳体并拆下电机总成	10	能正确使用工具并交错拧开电机与变速器连接螺栓,能正确使用橡胶锤敲击变速器壳体并拆下电机总成	
2	拆卸三相电接线盒模块	用专业工具拆卸接线盒螺栓	10	能正确使用工具拆卸接线盒螺栓	
3	拆卸旋变传感器	用专用工具拆卸旋变传感螺栓	10	能正确使用专业工具拆卸旋变传感器螺栓	
			10	拆下旋变传感器并做好标记	
4	拆卸驱动电机后端盖	用专用工具交错拆卸后端盖螺栓	5	能正确使用工具并交错拧开电机后端盖螺栓	
5	拆卸永磁转子	选用专用工具拆卸转子	10	能正确拆卸转子,并用垫布垫好	
6	安装永磁转子	选用专用工具安装转子	10	能正确安装转子	
7	安装驱动电机后端盖	用专用工具交错安装后端盖螺栓	5	能正确使用工具并交错安装电机后端盖螺栓	
8	安装旋变传感器	用专用工具安装旋变传感器螺栓	10	能正确使用专业工具安装旋变传感器螺栓	
			10	能正确按标记安装旋变传感器	
9	安装三相电接线盒模块	用专业工具安装接线盒螺栓	5	能正确使用工具安装接线盒螺栓	
10	安装驱动电机总成	连接变速器与驱动电机,并交错安装连接螺栓	5	能正确连接驱动电机与变速器,并交错安装连接螺栓	

任务二　驱动电机过热检修

【任务描述】

　　驱动电机过热会对定子、转子和其他零配件造成损伤。通过本任务的学习,读者可以知道驱动电机过热的原因,掌握检修方法,根据故障检修流程对驱动电机过热进行诊断。

【任务实施】

一、驱动电机过热原因分析

　　驱动电机过热主要由机械故障、电路故障和冷却系统故障造成,如图 5-29 所示。出现电机过热故障会直接导致车辆无法行驶或者驱动功率限制。

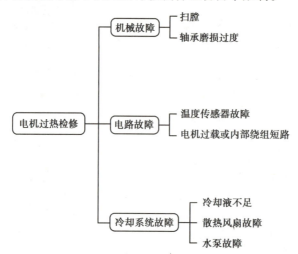

图 5-29　驱动电机过热故障原因

二、驱动电机过热故障诊断流程

　　驱动电机过热故障诊断流程如图 5-30 所示。

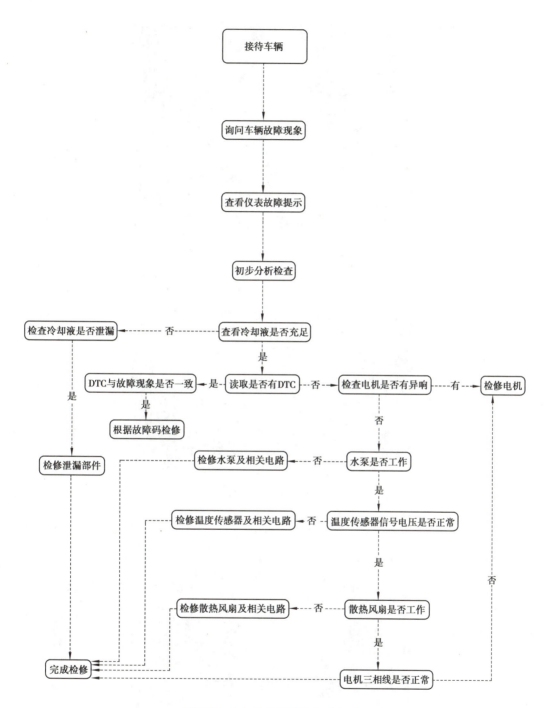

图 5-30　电机过热故障诊断流程图

三、驱动电机过热故障诊断方法(北汽 EV160)

①询问车辆故障,并查看仪表是否有故障提示,如图 5-31 所示。

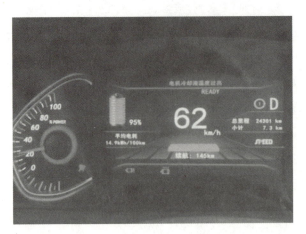

图 5-31　仪表故障显示

②检查冷却液液位是否正常,如图 5-32 所示。冷却液一般应在 MAX 与 MIN 之间。

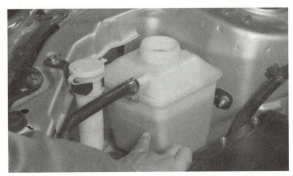

图 5-32　冷却液液面高度

③检查冷却系统是否有泄漏,如图 5-33 所示。

图 5-33　冷却管路

④读取故障码,如图 5-34 所示。

图 5-34　读取故障码

四、水泵相关电路的检测

根据电路图 5-35,推断故障点可能出现的地方有保险丝、继电器、VCU 控制器、水泵和所有的连接线束。

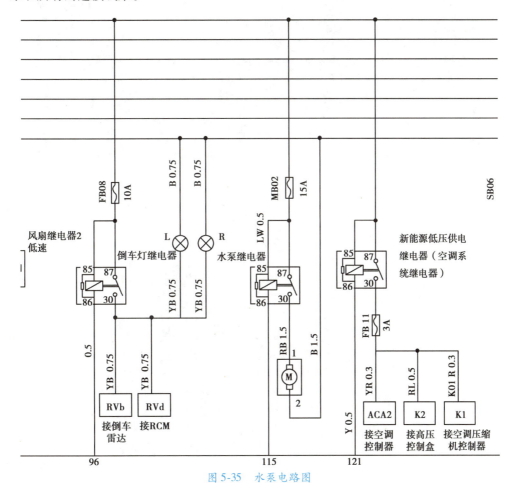

图 5-35　水泵电路图

①拆下保险丝测量其电阻,小于 1 Ω 正常,否则更换,如图 5-36 所示。

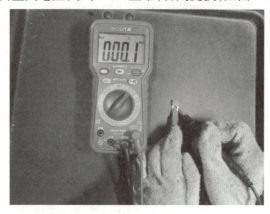

图 5-36　保险丝的检查

②拆下继电器测量,85 与 86 两端电阻应为 80 Ω 左右,30 与 87 端子间电阻应为无穷大,否则更换,如图 5-37 所示。

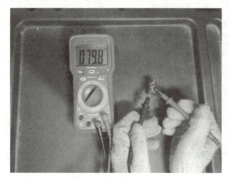

图 5-37　继电器的检查

③检查 VCU 控制是否正常。车辆提示电机水温过高时,检测 VCU-115 端子与接地是否为 0 V,否则 VCU 控制器内部没有接地,需更换 VCU,如图 5-38 所示。

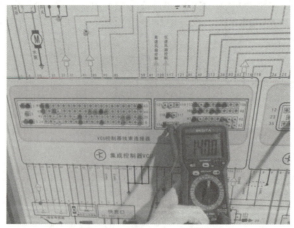

图 5-38　VCU 控制端电压

五、温度传感器相关电路的检测

根据电路图 5-39,推断故障点可能出现的地方有温度传感器、电路线束、MCU 电机控制器。

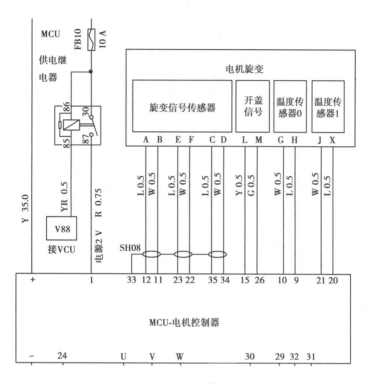

图 5-39　温度传感器电路

①检查温度传感器 G 与 H,J 与 K 端子之间的电阻值,应为 1 kΩ 左右,否则更换温度传感器,如图 5-40 所示。

图 5-40　温度传感器电阻测量

②检查 MCU 控制器对温度传感器供电是否正常,测量 MCU-10 和 21 端子与接地电压是否为 5 V,否则更换 MCU,如图 5-41 所示。

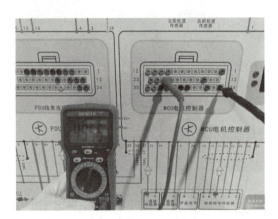

图 5-41　传感器供电电压测量

六、散热风扇相关电路的检测

根据电路图 5-42，推断故障点可能出现的地方有保险丝、继电器、VCU 控制器、风扇和所有线束。

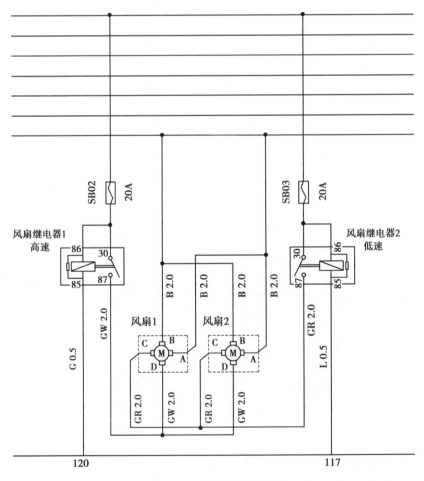

图 5-42　散热风扇电路图

【拓展阅读】

如果驱动电机没有良好的散热性,那么就会引起电机过热,造成内部铜线的电阻增大,引起驱动电机的效率下降。现在驱动电机大多采用的是水冷冷却,但随着电动汽车的不断发展,电机功率密度也会不断提高,因此,油冷技术会是将来的发展趋势。

油冷和水冷相比,油冷的优势在于绝缘性能良好、机油沸点比水高、凝点比水低,使冷却液在低温下不易结冰、高温下不易沸腾,可以直接冷却绕组端部,能够主动冷却到转子部件,如特斯拉 MODEL3 采用的就是油冷冷却,散热能力和功率密度有明显的提高。

【任务工单】

班级		姓名	
学习日期		评价等级	
序号	作业类型+作业对象+作业内容	数据或异常情况记录	维修措施
1	作业准备—场地准备及安全防护—安装车轮挡块、设置隔离栏和警示牌—检查绝缘手套、护目镜、安全帽并记录—穿戴绝缘鞋(进入工位前提前穿戴好)—检查工具套装(绝缘检测仪、冰点测试仪、绝缘垫)	工具套装 □正常 □异常	
2	作业准备—车辆参数—记录车辆型号、车辆识别码、电机型号、电机功率、电池容量、额定电压、里程表读数	车辆信息记录: 车辆型号: 车辆识别码: 电机型号: 电池容量: 里程表读数: 电机峰值功率:	
3	作业准备—安全防护—安装座椅套、方向盘套和地板垫		
4	作业准备—安全防护—安装翼子板布和前格栅布		
5	检查作业—电驱动系统冷却系统—检查电驱动系统冷却液液位、冰点	冷却液型号: 冷却液液位 □正常 □异常 冰点标准值: 冰点实测值:	

续表

序号	作业类型+作业对象+作业内容	数据或异常情况记录	维修措施
6	检查作业—冷却系统管路—检查软管的安装、连接情况及有无裂纹、损伤和泄漏:	□正常 □异常	
7	检查作业—冷却系统—目视检查散热器有无泄漏、变形等	□正常 □异常	
8	检查作业—冷却系统—目视检查散热风扇、电子水泵、线束等有无损坏—检测温度传感器电阻—检测温度传感器电压—检测水泵、散热风扇继电器保险丝	□正常 □异常	
9	整理作业—安全防护—拆卸翼子板布和前格栅布		
10	整理作业—安全防护—拆卸座椅套、地板垫、方向盘套		
11	整理作业—工量具、设备、场地—清洁整理工量具、设备、场地		

【任务评价】

序号	作业内容	评分要点（各环节漏项或累计最多扣相应配分）	配分/分	扣分/分	判罚依据
1	作业准备	□未检查设置隔离栏的扣2分； □未设置安全警示牌的扣2分； □未检查灭火器压力值（水基、干粉）的扣3分； □未安装车辆挡块的扣3分； □未安装车外三件套或安装位置不正确的扣3分； □操作中,翼子板布、格栅布自行脱落的扣2分； □车内4件套（方向盘、座椅、脚垫、换挡杆）少铺或未铺或撕裂的扣3分； □未完全落下驾驶员侧车窗的扣3分	15		

续表

序号	作业内容	评分要点(各环节漏项或累计最多扣相应配分)	配分/分	扣分/分	判罚依据
2	人物安全	□未检查绝缘手套密封性或检查时未密封的各扣2分； □未检查绝缘防护手套的耐压等级的扣2分； □未检查护目镜、安全帽外观损伤,各扣2分； □不戴安全帽扣2分； □未穿戴绝缘鞋(进入工位前提前穿戴好)扣2分； □未检查确认挡位的扣2分	14		
3	设备使用	□未进行数字绝缘测试仪开路检测并确认电阻无穷大的扣3分； □未进行数字绝缘测试仪短路检测并确认电阻<1的扣3分； □未确认数字绝缘测试仪上"TEST"功能正常的扣3分； □未选择四点检测绝缘垫、绝缘性且佩戴绝缘手套与护目镜的扣3分； □未检查数字万用表的电阻量程(校零)扣3分	15		
4	冷却液检查	□未检查冷却液液位的扣5分； □未检查冷却液管路是否松动的扣5分； □未检查冷却液是否泄漏的扣5分	15		
5	温度传感器检查	□未检查温度传感器电阻值的扣4分； □未检查温度传感器0 G端子电压的扣4分； □未检查温度传感器0 H端子与接地电阻的扣4分	12		
6	水泵检查	□未检查水泵保险丝的扣3分； □未检查水泵继电器的扣3分； □未检查水泵1端子电压的扣3分； □未检查水泵2端子与接地电阻的扣3分	12		

续表

序号	作业内容	评分要点(各环节漏项或累计最多扣相应配分)	配分/分	扣分/分	判罚依据
7	散热风扇检查	□未检查散热风扇保险丝的扣4分; □未检查散热风扇继电器的扣4分	8		
8	整理作业	□未拆卸翼子板布和前格栅布的扣3分; □未拆卸座椅套、地板垫、方向盘套的扣3分; □未清洁整理工量具、设备、场地的扣3分	9		

任务三 驱动电机异响检修

【任务描述】

当车辆行驶时驱动电机发出异响,我们应该如何正确进行检修?通过本任务的学习,读者可以掌握驱动电机异响的原因和一个清晰的诊断思路。

【任务实施】

一、驱动电机异响的原因分析

驱动电机异响主要有三相线绕组短路、缺相、相电流不平衡和电机机械故障,如图5-43所示。

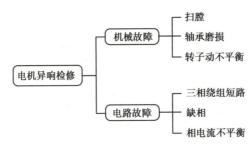

图 5-43　驱动电机异响的原因

二、驱动电机异响故障诊断流程

驱动电机异响故障诊断流程图,如图5-44所示。

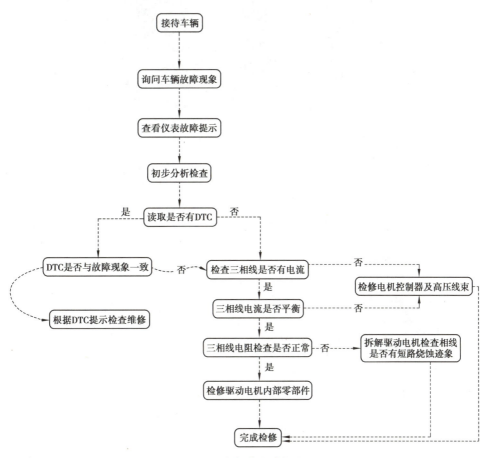

图 5-44 电机异响诊断流程

三、驱动电机异响的故障诊断

①用电流钳检测三相线是否有电流,如图5-45所示。

图 5-45 三相线电流测量

②用万用表检测三相线每两个电阻是否正常,如图5-46所示。

图5-46 高压线束电阻值测量

③用示波器检测三相线间电流是否平衡,如图5-47所示。

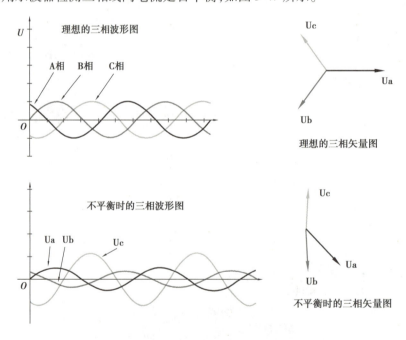

图5-47 三相线电流波形图

【拓展阅读】

交直流钳形表

钳头是采用霍尔元件的电流钳。霍尔效应也是电磁效应的一种。它是由美国物理学家霍尔于1879年在研究金属的导电机制时发现的。迄今为止,已在现代汽车上广泛应用的霍尔器件有:ABS系统中的速度传感器、汽车速度表和里程表、液体物理量检测器、各种用电负载的电流检测及工作状态诊断、发动机转速及曲轴角度传感器等。

霍尔效应原理其实就是在通电的霍尔元件上施加了一个磁场电子使其受到影响，从而导致发生偏移，在霍尔元件的两侧产生了电荷堆积，建立起了一个稳定的电势差即霍尔电压，如图 5-48 所示。

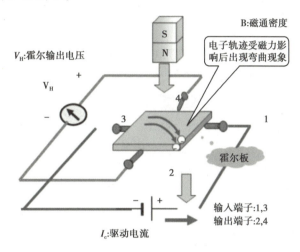

图 5-48　霍尔元件原理图

【任务工单】

班级		姓名	
学习日期		评价等级	
序号	作业类型+作业对象+作业内容	数据或异常情况记录	维修措施
1	作业准备—场地准备及安全防护—安装车轮挡块、设置隔离栏和警示牌—检查绝缘手套、护目镜、安全帽并记录—穿戴绝缘鞋（进入工位前提前穿戴好）—检查工具套装（绝缘检测仪、冰点测试仪、绝缘垫）	工具套装 □正常 □异常	
2	作业准备—车辆参数—记录车辆型号、车辆识别码、电机型号、电机功率、电池容量、额定电压、里程表读数	车辆信息记录： 车辆型号： 车辆识别码： 电机型号： 电池容量： 里程表读数： 电机峰值功率：	

续表

序号	作业类型+作业对象+作业内容	数据或异常情况记录	维修措施
3	作业准备—安全防护—安装座椅套、方向盘套和地板垫		
4	作业准备—安全防护—安装翼子板布和前格栅布		
5	检查作业—高压线路松动检测作业—三相线电流、三相线电阻、三相线波形图	电流： 电阻： 波形图： □正常 □异常	
6	整理作业—安全防护—拆卸翼子板布和前格栅布		
7	整理作业—安全防护—拆卸座椅套、地板垫、方向盘套		
8	整理作业—工量具、设备、场地—清洁整理工量具、设备、场地		

【任务评价】

序号	作业内容	评分要点（各竞赛环节漏项或累计最多扣相应配分）	配分/分	扣分/分	判罚依据
1	作业准备	□未检查设置隔离栏的扣3分； □未设置安全警示牌的扣3分； □未检查灭火器压力值（水基、干粉）的扣3分； □未安装车辆挡块的扣3分； □未安装车外3件套或安装位置不正确的扣3分； □操作中翼子板布、格栅布自行脱落的扣3分； □车内4件套（方向盘、座椅、脚垫、换挡杆）少铺、未铺或撕裂的扣3分； □未完全落下驾驶员侧车窗的扣3分	24		

续表

序号	作业内容	评分要点(各竞赛环节漏项或累计最多扣相应配分)	配分/分	扣分/分	判罚依据
2	人物安全	□未检查绝缘手套密封性或检查时未密封的各扣2分; □未检查绝缘防护手套的耐压等级扣2分; □未检查护目镜、安全帽外观损伤的各扣2分; □不戴安全帽的扣2分; □未穿戴绝缘鞋(进入工位前提前穿戴好)的扣2分; □未检查确认挡位的扣2分	14		
3	设备使用	□未进行数字绝缘测试仪开路检测并确认电阻无穷大的扣3分; □未进行数字绝缘测试仪短路检测并确认电阻<1的扣3分; □未确认数字绝缘测试仪上"TEST"功能正常的扣3分; □未选择四点检测绝缘垫绝缘性且佩戴绝缘手套与护目镜的扣3分; □未检查数字万用表的电阻量程(校零)扣3分	15		
4	检查项目	□未检查高压线路是否松动的扣5分; □上电前未请示教师的扣5分; □未用电流钳检查三相线是否有电流的扣5分; □未正确使用电流钳的扣5分; □未高压下电的扣5分; □未正确进行高压下电操作的扣3分; □未进行验电操作的扣5分; □未检测驱动电机三相线电阻的扣5分	38		
5	整理作业	□未拆卸翼子板布和前格栅布的扣3分; □未拆卸座椅套、地板垫、方向盘套的扣3分; □未清洁整理工量具、设备、场地的扣3分	9		

任务四　旋变传感器故障检修

【任务描述】

当一辆纯电动汽车起动时,READY 灯点亮,但车辆仪表显示驱动电机控制器故障,同时,在车辆未挂挡时仪表有不同的转速显示,挂挡后,车辆无法正常起步。你能对该故障进行安全、规范的诊断吗?

【任务实施】

一、故障分析

车辆各个控制单元检测到的故障导致车辆无法正常起步,但仪表转速表显示有转速波动,车辆的转速由电动机旋变传感器检测并显示由此可大致判断该车辆旋变传感器的故障为旋变故障。此外,旋变信号采集故障也可通过新能源汽车故障诊断仪来读取故障代码并初步确认,通过故障代码的指引来排除故障。

二、电动机旋变传感器

旋转变压器(旋变)是目前电动汽车电机控制器中常用的一种位置传感器,用来反映驱动电机转子的位置、转速及旋转方向,提供给电机控制器内软件做电机的算法控制。

新能源汽车大多使用永磁同步电机驱动,当永磁同步电机工作时,定子线圈产生磁场和转子同步转动。由于旋转磁场磁极和转子磁极会保持一定的夹角,因此旋变必须监测转子的位置和转子的转速。

通俗地讲,旋转变压器可以理解为一个传感器,在自控式伺服电机中,采集转子信号输出,电脑控制变频装置控制输出电流以及频率,进而达到控制输出转速、扭矩的目的。

三、旋变传感器的结构

旋变传感器的组成包括定子、转子,如图 5-49 所示。

图 5-49　旋变传感器的结构

定子由多个硅钢片组成,定子绕组内部有 3 组线圈:一组为励磁绕组;一组为正弦信号绕组;一组为余弦信号绕组。两个信号在布置上相差一定的角度,在励磁绕组上连接交流信号。当转子不旋转时,3 个信号为同频率,信号振幅无变化。

转子也是由多个硅钢片组成的,当转子旋转时,由于转子上存在较大的突起,旋转时,信号绕组中的磁通量会周期性地发生变化,这样信号的振幅会随着间隙的变化而改变,根据两个信号的相互关系就能判断转子的位置。

四、旋变传感器的检测

1. 旋变传感器故障

用诊断仪能诊断出故障码。第一步就是确定为旋变传感器故障。

2. 旋变传感器的检测方法

因为旋变传感器主要是由线圈构成的,而测量的最好方法就是用电阻测量方法进行的。

①励磁绕组参考电压:打开点火开关"ON"挡测量插件端应有 3 ~ 3.5 V 交流电压。

②正弦绕组阻值:拔下插件,用万用表测量传感器端子应有(60±10)Ω 电阻,如图 5-50 所示。

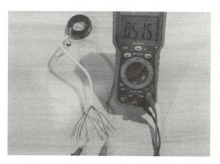

图 5-50 旋变传感器正弦绕组阻值测量

③余弦绕组阻值:拔下插件,用万用表测量传感器端子应有(60±10)Ω 电阻,如图 5-51 所示。

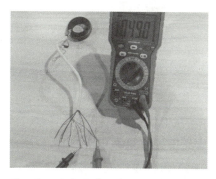

图 5-51 旋变传感器余弦绕组阻值测量

④励磁绕组阻值:拔下插件,用万用表测量传感器端子应有(30±10)Ω电阻,如图5-52—图5-54 所示。

图 5-52　励磁绕组阻值

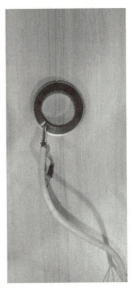

图 5-53　旋变传感器

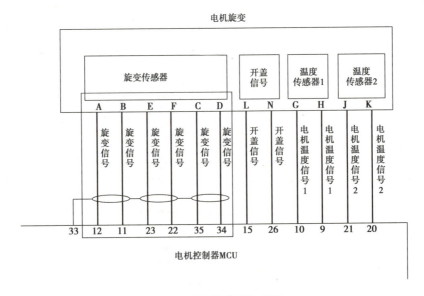

图 5-54　旋变传感器电路图

3. 两两针脚测量电阻值

在上述范围内是否正常(从电机控制器端进行测量,这样也可以确定电机控制器与电机旋变传感器线路是否正常);如果不正常,则需要从电机端进行测量,确定是否在内部发生断路或损坏,如果是在内部则需要拆卸电机总成,单独更换旋变传感器。

五、故障诊断及排除

故障树如图 5-55 所示。

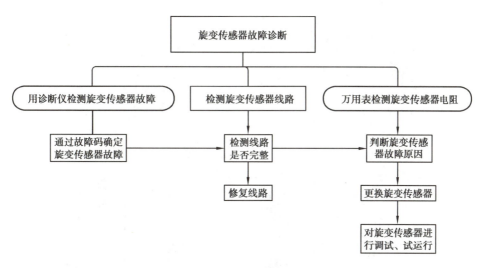

图 5-55　故障树

拆卸旋变传感器的步骤：

①对旋变传感器进行复位(到达安装的初始位置)。

②打开机舱盖(做好对车辆的防护,如图 5-56 所示)。

图 5-56　车辆的防护

③断开蓄电池负极电缆(对蓄电池负极进行防护处理,防止触电,如图 5-57 所示)。

图 5-57　断负极

④拆卸驱动电机（从车上拆下）

a. 断开 TCU 控制器插头，如图 5-58 所示。

b. 拆卸线束卡扣，如图 5-59 所示。

 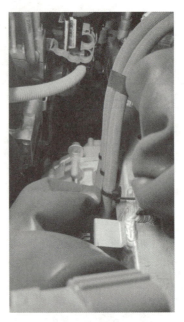

图 5-58　断开 TCU 控制器插头　　　　图 5-59　拆卸线束卡扣

c. 断开驱动电机线束插头，如图 5-60、图 5-61 所示。

图 5-60　拆卸驱动电机线束　　　　图 5-61　断开驱动电机线束插头

d. 拆卸搭铁线束，如图 5-62 所示。

图 5-62 拆卸搭铁点

e.拆卸电机进出水水管环箍,脱开电机冷却水管(对冷却液进行回收再利用),如图 5-63、图 5-64 所示。

图 5-63 脱开电机冷却水管

图 5-64 排放冷却液

f.拆下驱动电机,如图 5-65、图 5-66 所示。

图 5-65　拆下驱动电机固定螺栓　　　　图 5-66　拆下驱动电机

⑤拆开驱动电机接线盒螺栓,如图 5-67 所示。

⑥拆下驱动电机端盖,如图 5-68 所示。

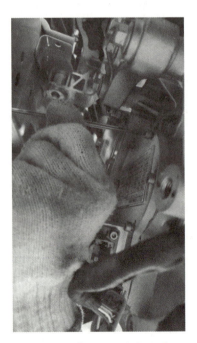

图 5-67　拆开驱动电机接线盒螺栓　　　图 5-68　拆下驱动电机端盖

⑦拆下旋变传感器(在拆卸前对旋变传感器的位置进行标注),如图 5-69 所示。

图 5-69　拆下旋变传感器

⑧安装与拆卸步骤相反(在安装时注意旋变传感器的位置)。

【拓展阅读】

常见的传感器

常见的传感器有温度传感器、压力传感器、触摸传感器、图像传感器、运动传感器、烟雾或气体传感器、火焰传感器、泄漏传感器、倾斜传感器、能耗传感器等。

温度传感器(Temperature Transducer)如图 5-70 所示。它是指能感受温度并转换成可用输出信号的传感器。温度传感器是温度测量仪表的核心部分,品种繁多。

压力传感器(Pressure Transducer)是能感受压力信号,并能按照一定的规律将压力信号转换成可用的输出电信号的器件或装置,如图 5-71 所示。

图 5-70　温度传感器

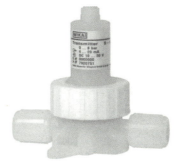

图 5-71　压力传感器

压力传感器通常由压力敏感元件和信号处理单元组成。按照不同的测试压力类型,压力传感器可分为表压传感器、差压传感器和绝压传感器。

"触摸传感器"是苹果公司的一项专利,专利号为 8603574。此专利详细描述了生产精确弧面显示屏相关的制造技术。这项专利可以应用在显示屏、触摸板和触摸鼠标及其他设备中。

图像传感器是一种典型的固体成像传感器，与 CCD 有着共同的历史渊源。CMOS 图像传感器通常由像敏单元阵列、行驱动器、列驱动器、时序控制逻辑、AD 转换器、数据总线输出接口、控制接口等几部分组成。

运动控制传感器是一种将非电量(如速度、压力)的变化转变为电量变化的原件，根据转换的非电量不同可分为压力传感器、速度传感器、温度传感器等，是进行测量、控制仪器及设备的零件、附件。

烟雾探测器也称为感烟式火灾探测器、烟感探测器、感烟探测器、烟感探头和烟感传感器，主要应用于消防系统，在安防系统建设中也有应用。

火焰传感器(Flame Transducer)由各种燃烧生成物、中间物、高温气体、碳氢物质以及无机物质为主体的高温固体微粒构成。火焰传感器是机器人专门用来搜寻火源的传感器。

泄漏传感器又称为微流量传感器，ATC 的密封性检测仪采用"质量抽取"技术通过加压或者抽真空的方式测试产品的密封性。ATC 提供整套泄漏/密封性解决方案产品和可选配件，比如用于检定的标准泄漏孔、等效通道以及标定样。

倾斜传感器是能够感应倾斜设备的设备，相对于向下重力的角度或倾斜度的配件，也被称为倾斜开关或翻倒开关。

能耗传感器是为耗电量、耗水量、耗气量、集中供热耗热量、集中供冷耗冷量与其他能源应用量的控制和测量提供解决方案的能耗监控系统。

【任务工单】

序号	作业内容	评分要点(各环节漏项或累计最多扣相应配分)	配分/分	扣分/分	判罚依据
1	作业准备	□未检查设置隔离栏的扣3分； □未设置安全警示牌的扣3分； □未检查灭火器压力值(水基、干粉)的扣3分； □未安装车辆挡块的扣3分； □未安装车外3件套或安装位置不正确的扣3分； □操作中翼子板布、格栅布自行脱落的扣3分； □车内4件套(方向盘、座椅、脚垫、换挡杆)少铺、未铺或撕裂的扣3分； □未完全落下驾驶员侧车窗的扣3分	24		

续表

序号	作业内容	评分要点(各环节漏项或累计最多扣相应配分)	配分/分	扣分/分	判罚依据
2	人身安全	□未检查绝缘手套密封性或检查时未密封的各扣2分； □未检查绝缘防护手套的耐压等级的扣2分； □未检查护目镜、安全帽外观损伤的各扣2分； □不戴安全帽的扣2分； □未穿戴绝缘鞋(进入工位前提前穿戴好)的扣2分； □未检查确认挡位的扣2分	14		
3	设备使用	□未进行数字绝缘测试仪开路检测并确认电阻无穷大的扣3分； □未进行数字绝缘测试仪短路检测并确认电阻<1的扣3分； □未确认数字绝缘测试仪上"TEST"功能正常的扣3分； □未选择四点检测绝缘垫绝缘性且佩戴绝缘手套与护目镜的扣3分； □未检查数字万用表的电阻量程(校零)的扣3分	15		
4	检查项目	□未检查高压线路是否松动扣5分； □未正确进行高压下电操作的扣5分； □上电前未请示教师的扣5分； □未对旋变传感器进行复位的扣5分； □未对旋变传感器进行正确检测的扣10分； □未对旋变传感器进行更换的扣5分； □未在安装后对旋变传感器进行试运行的扣3分	38		

续表

序号	作业内容	评分要点（各环节漏项或累计最多扣相应配分）	配分/分	扣分/分	判罚依据
5	整理作业	□未拆卸翼子板布和前格栅布的扣3分； □未拆卸座椅套、地板垫、方向盘套的扣3分； □未清洁整理工量具、设备、场地的扣3分	9		

【任务评价】

序号	考核项目	考核内容	赋分/分	评分标准	得分/分
1	旋变传感器的定义	旋变传感器的初步认识与含义	10	能用自己的语言说明旋变传感器的含义	
2	旋变传感器的安装位置	旋变传感器的实际布置位置	10	根据实车能正确指出旋变传感器的所在位置	
3	旋变传感器的功用	旋变传感器的作用	10	能用自己的语言阐述旋变传感器的作用	
4	旋变传感器的主要结构	旋变传感器的结构组成	10	能正确识读旋变传感器的外观形状	
5	旋变传感器的更换	对电机旋变传感器进行正确更换	10	能厘清旋变传感器的组成部分	
			10	能正确厘清旋变传感器的更换步骤及更换时的注意事项	
			10	能正确检测旋变传感器	
			20	能正确更换旋变传感器并进行试运行	
6	更换后对场地进行清洁		10	5S	

任务五　更换电机控制器

【任务描述】

电机控制器作为电动汽车的核心部件之一,是汽车动力性能的决定性因素。通过本任务的学习,读者可以掌握电机控制器的拆卸步骤和更换电机控制器的注意事项。

【任务实施】

一、电机控制器的拆卸

①场地检查,检查灭火器、警示标牌等是否正常。

②工具检查,检查防护用具,测量工具是否正常,如图 5-72 所示。

图 5-72　防护用具及工量具

③高压下电,拔下蓄电池负极等待 5 min,如图 5-73 所示。

图 5-73　拆卸蓄电池负极

④验电，拔下动力电池包高压+和高压−测量电压，0 V 表示下电成功，如图 5-74 所示。

图 5-74　高压电下电测量

⑤举升车辆，如图 5-75 所示。

图 5-75　举升车辆

⑥排放冷却液，拔下冷却液软管，用量杯接取冷却液，如图 5-76 所示。

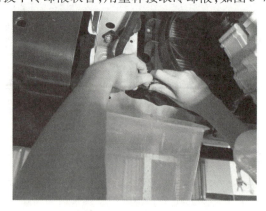

图 5-76　拔下冷却液软管

⑦拆卸电机控制器高压连接线和冷却软管,如图5-77所示。

图5-77　拆卸电机控制器连接线和冷却软管

⑧取下电机控制器,如图5-78所示。

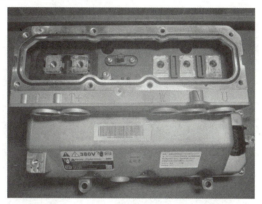

图5-78　取下电机控制器

二、安装电机控制器

①装上电机控制器。

②连接电机控制器高压连接线和冷却软管,如图5-79所示。

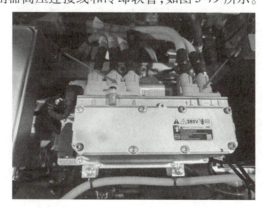

图5-79　高压线束连接好的电机控制器

③举升车辆。

④加注冷却液,如图 5-80 所示。

图 5-80　加注冷却液

⑤高压上电,观察仪表盘 OK 或者 Ready 灯是否点亮,如图 5-81 所示。

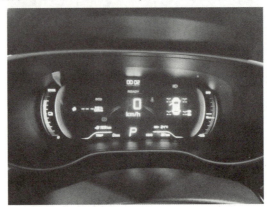

图 5-81　汽车仪表盘

⑥冷却系统排气,使用诊断仪进行排气,如图 5-82 所示。

图 5-82　诊断仪界面

⑦读取故障码,如图 5-83 所示。

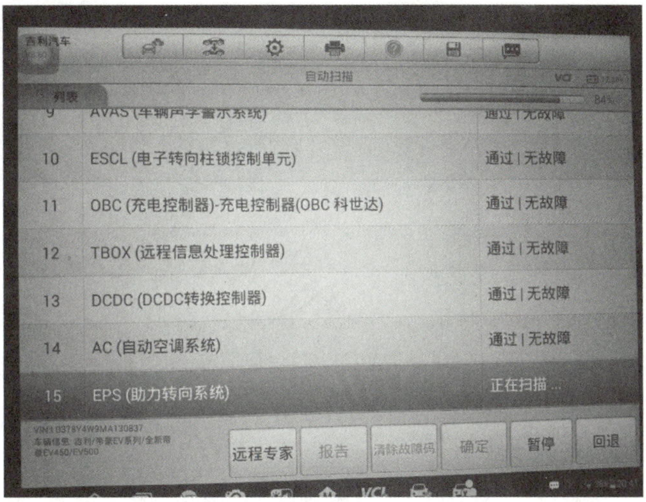

图 5-83 读取故障码

⑧整理工位,竣工。

【拓展阅读】

混合动力汽车一般拥有汽油-内燃机和电池-电机两套动力系统,这两套动力系统要联合工作,总得有一个联合的"姿势"。这个不同的联合"姿势",就是混动构型,而最基本的有串联、并联、串并联(也可称为混联)这几种。

1. 串联

串联混合动力,顾名思义就是内燃机和电动机串联工作。它的能量流如下:油箱=>内燃机=>发电机=>电池=>电机=>驱动轴。

2. 并联

这类混合动力车内有两套驱动系统,大多数是在传统燃油车的基础上增加电动机、电池、电控而成的,当两个动力系统同时工作时,以机械方式实现动力耦合,电动机与发动机共同驱动车轮,所以称为并联式混合动力系统。

3. 串并联

由于串联和并联都各自有缺点和不足,因此就出现了融合二者优点的混联,可以在串联和并联模式之间切换。

【任务工单】

班级		姓名	
学习日期		评价等级	
序号	作业类型+作业对象+作业内容	数据或异常情况记录	维修措施
1	作业准备—场地准备及安全防护—安装车轮挡块、设置隔离栏和警示牌—检查绝缘手套、护目镜、安全帽并记录—穿戴绝缘鞋（进入工位前提前穿戴好）—检查工具套装（绝缘检测仪、冰点测试仪、绝缘垫）	工具套装 □正常 □异常	
2	作业准备—车辆参数—记录车辆型号、车辆识别码、电机型号、电机功率、电池容量、额定电压、里程表读数	车辆信息记录： 车辆型号： 车辆识别码： 电机型号： 电池容量： 里程表读数： 电机峰值功率：	
3	作业准备—安全防护—安装座椅套、方向盘套和地板垫		
4	作业准备—安全防护—安装翼子板布和前格栅布		
5	更换作业—电机控制器的更换		
6	整理作业—安全防护—拆卸翼子板布和前格栅布		
7	整理作业—安全防护—拆卸座椅套、地板垫、方向盘套		
8	整理作业—工量具、设备、场地—清洁整理工量具、设备、场地		

【任务评价】

序号	作业内容	评分要点(各竞赛环节漏项或累计最多扣相应配分)	配分/分	扣分/分	判罚依据
1	作业准备	□未检查设置隔离栏的扣3分； □未设置安全警示牌的扣3分； □未检查灭火器压力值(水基、干粉)的扣3分； □未安装车辆挡块的扣3分； □未安装车外3件套或安装位置不正确的扣3分； □操作中翼子板布、格栅布自行脱落的扣3分； □车内4件套(方向盘、座椅、脚垫、换挡杆)少铺、未铺或撕裂的扣3分； □未完全落下驾驶员侧车窗的扣3分	24		
2	人物安全	□未检查绝缘手套密封性或检查时未密封的各扣2分； □未检查绝缘防护手套的耐压等级的扣2分； □未检查护目镜、安全帽外观损伤的各扣2分； □不戴安全帽的扣2分； □未穿戴绝缘鞋(进入工位前提前穿戴好)的扣2分； □未检查确认挡位的扣2分	14		
3	设备使用	□未进行数字绝缘测试仪开路检测并确认电阻无穷大的扣3分； □未进行数字绝缘测试仪短路检测并确认电阻<1的扣3分； □未确认数字绝缘测试仪上"TEST"功能正常的扣3分； □未选择四点检测绝缘垫绝缘性且佩戴绝缘手套与护目镜的扣3分； □未检查数字万用表的电阻量程(校零)扣3分	15		

续表

序号	作业内容	评分要点(各竞赛环节漏项或累计最多扣相应配分)	配分/分	扣分/分	判罚依据
4	更换作业	□未高压下电的扣5分; □未正确进行高压下电操作的扣3分; □未进行验电操作的扣5分; □未正确排放冷却液的扣5分; □未正确拆卸高压连接线束的扣5分; □未正确安装电机控制器的扣5分; □未正确加注冷却液的扣5分; □未正确排放冷却液空气的扣3分; □高压上电不成功的扣3分	39		
5	整理作业	□未拆卸翼子板布和前格栅布的扣3分; □未拆卸座椅套、地板垫、方向盘套的扣2分; □未清洁整理工量具、设备、场地的扣3分	8		

【项目检测】

一、选择题

1. 驱动电机日常维护保养不包括(　　　)。

A. 驱动电机表面清洁　　　　　　　　B. 高低压线束插件

C. 风扇、水泵工作性能　　　　　　　D. 驱动电机与减速器轴花键连接

2. 驱动电机温度传感器安装在(　　　)处。

A. 冷却管路　　　　　　　　　　　　B. 定子线圈内

C. 前端盖处　　　　　　　　　　　　D. 外壳

3. 纯电动汽车常用的变速器为(　　　)。

A. 自动离合变速器　　　　　　　　　B. 单挡变速器

C. AT变速器　　　　　　　　　　　　D. 无级变速器

4. 纯电动汽车电机通电后不起动,"嗡嗡响",可能产生的原因是(　　　)。

A. 定子、转子绕组断路　　　　　　　B. 电机负载过大或被卡住

C. 绕组绝缘老化　　　　　　　　　　D. 转子不平衡

二、判断题

1. 由于没有发动机产生大量热,但电机工作也会产生热量,因此纯电动汽车仍需要冷却系统进行散热。　　　　　　　　　　　　　　　　　　　　　　（　　）

2. 纯电动汽车没有主减速器和差速器。　　　　　　　　　　　　　（　　）

三、简答题

纯电动汽车电机控制器主要有哪些功能?

参考文献

夏长亮,张茂华,王迎发,等.永磁无刷直流电机直接转矩控制[J].中国电机工程学报, 2008, 28(6):104-109.

[2] 高景德,王祥珩,李发海. 交流电机及其系统的分析[M].2 版. 北京:清华大学出版社, 2005.

[3] 余卓平,姜炜,张立军.四轮轮毂电机驱动电动汽车扭矩分配控制[J].同济大学学报(自然科学版), 2008,36(8):1115-1119.

[4] 葛宝明,王祥珩,苏鹏声,等.开关磁阻电机控制策略综述[J].电气传动, 2001, 31(2):8-13.

[5] 李卫,王敏,谭善茂.电动汽车电机及控制技术[M].天津:天津科学技术出版社,2021.

[6] 李仕生,张科.新能源汽车驱动电机及控制系统检修[M].北京:机械工业出版社,2022.

[7] 严定也,郝金辉,郭广雄.新能源汽车构造与维修[M].哈尔滨:哈尔滨工程大学出版社,2021.